謹將此書獻給麗芬（Letha）。她待我，誠如在《她們的改變——與跟隨耶穌的婦女相遇》一書裏面的每個婦女與其餘各人彼此相待那般。她給我的是真摯無私的友誼，並且不斷的激勵我，使我在信仰和敬拜的路上成長起來。

敬拜乃是我們全人降服在神的面前。敬拜，是神以他的聖潔甦醒人的良知；敬拜，是神以他的真理滋養人心；敬拜，是神以他的榮美潔淨人的思緒；敬拜，是人向神的愛敞開心懷；敬拜，是人向神的旨意拋棄自我的意志——我們敬拜，就是要把這些一切都集結起來去愛慕神，傾盡我們本性中最無我的衷情，全心全德地敬拜他。

——湯樸·威廉（William Temple），*Reading in St. John's Gospel*（《默想基督——讀約翰福音劄記》）

真　善　美　叢　書

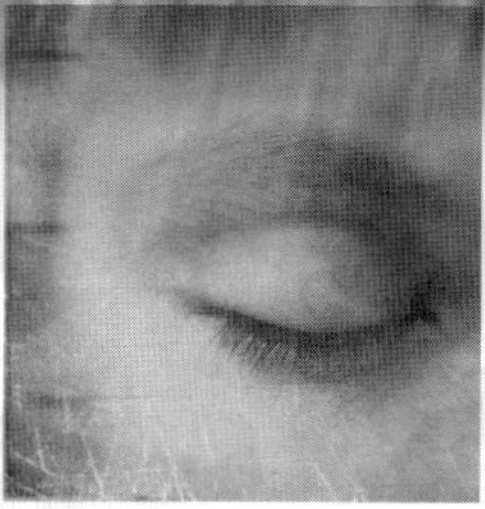

她們的改變

與跟隨耶穌的婦女相遇

阿什克羅夫特 著
陳秋蓮 譯

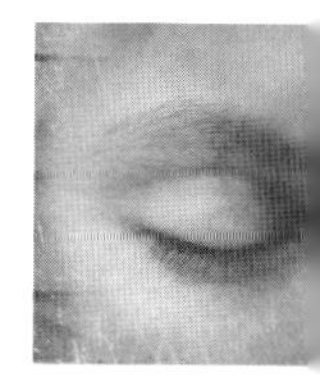

基道出版社

▼

真善美叢書

她們的改變

與跟隨耶穌的婦女相遇

The Magdalene Gospel

Meeting the Women Who Followed Jesus

作者

阿什克羅夫特（Mary Ellen Ashcroft）

翻譯

陳秋蓮

責任編輯

何敏璇

裝幀設計

郭曉勤

■

出版／發行

基道出版社

香港沙田火炭坳背灣街26號富騰工業中心1011室

LOGOS PUBLISHERS Ltd.

Unit 1011, Fo Tan Ind. Centre, 26 Au Pui Wan St., Shatin, Hong Kong

電話：(852) 2687-0331　傳真：(852) 2687-0281

網址：http://www.logos.com.hk

承印

海洋印務有限公司

●

3/2005初版

Cat. No. LP749

ISBN 962-457-277-1

目錄

新版序

《她們的改變——與跟隨耶穌的婦女相遇》與《她們的聲音——再遇跟隨耶穌的婦女》[1]兩本書(無論是把兩書合起來看或是單獨來看)誠意邀請女性在書中所提到的這羣婦女中，尋找她們自己的位置。這羣婦女是第一批緊隨耶穌的跟隨者。我高興看見，也樂於聽見，有不少女性透過這兩本書有第一次走進那羣婦女之中的感覺。

大凡有新書出版，作者都好像有一種生孩子的感覺：一個階段過後，另一個階段就會隨即開始。作者在這兩個時期的主要任務，部分是作餵養和指導的工作，但是，最主要的還是在旁觀察孩子的成長。自從《她們的改變——與跟隨耶穌的婦女相遇》在一九九五年誕生以來，它已經展開了自己奇妙的生命旅程。我樂於聽見有信徒及對信仰有懷疑的人因這本書裏面的信息而受感動、被煮動，被當中的故事吸引著。頭一家負責出版《她們的改變——與跟隨耶穌的婦女相遇》的出版社一位負責人對我說：「愛倫，我一定不會說，我是一個虔誠人。但是，有一天晚上，我參加一個派對的時候，我聽見自己對人說：『你誤解了，耶穌並不是那樣的。讓我來告訴你，他是如何對待婦女的……』」我還聽見，有很多女性明白到，她是可以成為耶穌的跟隨者。

我收到很多人對《她們的改變——與跟隨耶穌的婦女相遇》(現在還有《她們的聲音——再遇跟隨耶穌的婦女》) 的回應，這些回應都很有創意，也是我特別喜歡的。在美國、加拿大以及英國，有人把書裏面的部分內容用話劇形式公演出來，製作形式應有盡有。在俄亥俄州，有一個學生小組將《她們的改變——與跟隨耶穌的婦女相遇》的部分內容搬上舞台。在德州，《她們的改變——與跟隨耶穌的婦女相遇》在好些教會作話劇演出。而在英國劍橋大學克萊爾學院 (Clare College in Cambridge, England)，就有學生穿上戲服，配以原創音樂，和詩班合演《她們的改變——與跟隨耶穌的婦女相遇》。我很榮幸有機會觀看到其中幾個製作，有些在現場觀看，有些是收看視像錄影。這些製作各取不同的重心人物為題材，因此所專注的主題也各有不同。在故事背景方面，有些製作設在耶穌的時代，有些則比較當代。而在演員方面，有些陣容鼎盛，但亦有一些只有一個女演員。在音樂方面，有幾個製作有自己的原創音樂，由一個人獨唱或由詩班獻唱的都有。

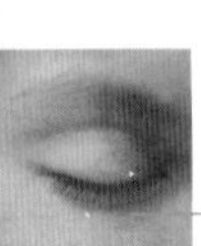

在眾多對《她們的改變——與跟隨耶穌的婦女相遇》有創意的製作之中，最別具創意的是加州柏克萊市一個名為「抹大拉之旅」(The Magdalene Journey) 的演出計劃。這個計劃由一個婦女小組開始發起，她們希望在神聖週 (Holy Week，復活節前的一星期) 期間，向更多會眾大聲讀出《她們的改變——與跟隨耶穌的婦女相遇》裏面的故事，把這些故事生動地重現在會眾面前。由於我一直都跟不同的婦女小組有連繫，她們的情況我也有些了解。她們發現，她們自己得到醫治和遇見耶穌的經歷都無可避免地成了故事中那些婦女的經歷的一部分，她們的製作最終都結合了書中的故事和她們自己的故事。在第一次演出之後，有不少女士要求加入這個小組，結果，原來的小組經重組之後，分裂成更多新的小組，繼續進行「抹大拉之旅」。今年，「抹大拉之旅」的演出已經踏入第五週年。

我根據《她們的改變——與跟隨耶穌的婦女相遇》的部分內容來主領退修會及令會。我通常會採用書中其中一名婦女的故事，來引伸出一個聚會主題，並且以戲劇形式把那個故事唸出來，然後，給與會者一點安靜時間，讓他們思考我所提出的問題，接著可能會安排一些時間作小組討論。我也曾用《她們的改變——與跟隨耶穌的婦女相遇》的部分內容作為講道題材，其間穿插一些朗讀，再加上莫扎特的《安魂曲》(*Requiem*)。此外，我在進行醫院探訪的時候，也曾用一些故事給病者作默想指引。

《她們的改變　　與跟隨耶穌的婦女相遇》也曾經給人拿來研讀或作小組閱讀之用。一個在基督徒畢業生團契事奉的姊妹告訴我，她本來想幫一班女畢業生繼續開查經小組，但結果沒有人願意參加。後來，她開了一個以《她們的改變——與跟隨耶穌的婦女相遇》為題的查經班，結果不止吸引了一班參加者，而且她們都樂意去看這本書，又一起作討論，而且對福音作出了回應。

本書的註釋是重要的參考資料，因為很多讀者期望一邊看這些註釋，一邊看聖經。在新版中，我附加了一些個人思考問題和小組討論問題。這些問題亦適用於令會或退修會。

我在《她們的聲音——再遇跟隨耶穌的婦女》一書裏，繼續把婦女的故事發展到初始教會時期，其中有些故事是在《她們的改變——與跟隨耶穌的婦女相遇》出現過的人物故事，並加插了其他故事，例如撒瑪利亞婦人的故事。我深信，很多女性可能會感到，她們好像在耶穌與初代教會的故事外邊徘徊已經太久。我希望(也為此禱告)這些書可以幫助女性尋回自己作耶穌跟隨者的位置。

阿什克羅夫特(Mary Ellen Ashcroft)

註釋：

1. *Spirited Women*, 奧斯堡出版社（Augsburg Books）出版，二○○○年；中文版由基道出版社出版，二○○五年。

引言

在七日的第一日清早，耶穌復活了，就先向抹大拉的馬利亞顯現（耶穌從他身上曾趕出七個鬼）。他去告訴那向來跟隨耶穌的人；那時他們正哀慟哭泣。他們聽見耶穌活了，被馬利亞看見，卻是不信。

馬可福音十六章9至11節

抹大拉的馬利亞有一個故事要告訴我們。在馬太、馬可、路加和約翰福音裏，她被認為是一個曾被耶穌醫治的女人。我們從這四卷正典所記載的故事得知，抹大拉的馬利亞成為了一名緊隨耶穌的跟隨者。她見證耶穌被釘十字架，在耶穌復活之後，她是其中一個首先看見他並與他說話的人。這就是福音書的作者寫給我們有關這個年青的抹大拉婦人的資料。

在路加福音第八章，我們看見抹大拉的馬利亞初遇耶穌。自此之後，她的故事就與耶穌的故事交織在一起。她跟隨耶穌走遍巴勒斯坦地，最後去到他被釘十架的地方，並在復活日清晨在墓前見到他。然而，耶穌升上天之後，抹大拉的馬利亞卻仍留在世上。即或如此，她仍是跟隨耶穌的腳蹤行。她的故事，總有一天會成為關於耶穌一生的佳音的一部分。

就我們在福音書上的所見所聞，似乎有關抹大拉的馬利亞，這個耶穌的跟隨者的故事，並不如這些書上所記的那麼稀少。特別當福音書的故事發展去到高潮的時候，焦點都集中在耶穌的死和復活的那些段落中，抹大拉的馬利亞在我們意想不到的情況下，吸引了我們相當的注意力。她一定還有更多事情要告訴我們。但是，儘管這個發現激發起我們的好奇心，在福音書裏面並沒有關於她的故事。不管這是甚麼原因，抹大拉的馬利亞從沒有機會述說自己的故事，就好像其他所有曾經遇見耶穌，跟隨他的婦女一樣。從整體來看，抹大拉的馬利亞的聲音，以及其他跟隨耶穌的婦女的聲音，在福音書裏都被壓下去，變成了一些微弱的聲音。她們的聲音就好像一個母親溫柔地對自己吃奶中的嬰孩哼歌那樣，聲音雖然輕柔，但給人一種溫暖、心靈恬靜和愛的感覺，正如耶穌給她們的感覺一樣。

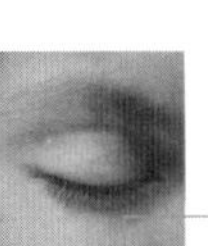

抹大拉的馬利亞用一個女性的觀點去經歷耶穌。她的故事乃是一個女人所傳的「好消息」(福音)。像抹大拉的馬利亞一樣，很多婦女都跟隨了耶穌：耶穌的母親、那些他醫治好的婦女和小孩，他以朋友相待的婦女和從他那裏得著新生命的婦女。她們都是一些獨特的個體，但很多時候，她們都被歸類為「眾婦女」。這些婦女都有很多共通的特點，其中最顯著的是她們都很會關懷別人；她們關心他人，就好像耶穌關心她們那樣。不過，她們每個人都有一個獨特的故事要說，告訴我們她的一生和她與耶穌的關係。

《她們的改變——與跟隨耶穌的婦女相遇》是一個虛構的故事。這個故事從跟隨耶穌的婦女的觀點出發，把福音書裏面的故事重述出來，讓人從一個新的角度聽的「好消息」。它使我們可以更深了解福音書的內容，給我們新的角度去認識耶穌。它使這些與耶穌關係密切的婦女，在沉靜了無數個世紀之後能夠發出她們的聲音。在《她們的改變——與跟隨耶穌的婦女相遇》裏面，不單有個別婦女的故事，講述她們如何被耶穌觸動，也有她們在一起的時候的故事。在她們的摯友兼夫子死後的首個聖週六（Holy Saturday），當她們嘗試明白耶穌的生命與死亡時，她們彼此支持，互相安慰，就像女人都會做的一樣。

我動手寫《她們的改變——與跟隨耶穌的婦女相遇》是應一位朋友給我的意見而開始的。史高問我：「為甚麼……你不用一個女性的觀點去寫一些福音性的作品呢？」我有足夠的背景可以寫一本這樣的書。我參加過一些神學課程，多年在英國、南非及美國的聖公會教會聚會。我大學的畢業論文是與女性語段有關的，亦曾經寫過一本從女性的觀點出發，去看罪與試探的書，名為*Temptations Women Face*（《女性遇上的誘惑》；InterVarsity Press, 1991）。

那時，我正開始一個為期兩個月的旅程。在這期間，史高的話仍在我心裏。結果，我花了不少時間潛心鑽研各卷福音書，並開始用女性的眼光去看這幾卷書，抹大拉的馬利亞吸引了我的注意力。我想，她的生命因遇上耶穌而起了翻天覆地的改變，她到底是一個怎樣的人呢？我從她的角度去寫她跟隨耶穌，留心耶穌的一言一行，聽他的講道，就這樣開始寫了幾頁。抹大拉的馬利亞給我引見，使我認識其他跟隨耶穌的婦女。那個患了血漏的女人，她在悄悄靠近耶穌，觸摸他之前，一點盼望都沒有，她又是一個怎樣的人呢？又或者，在路加福音第十三章，那個腰彎得一點直不起來的女人，在她看見耶穌的臉之前的十八年，她一直都不能夠抬起頭看東西，她又是一個怎樣的人呢？我深受感動，感到自己即將透過新的視鏡去看耶穌，並將聽見一把新的聲音宣告福音。

我知道，我需要撇開那幾卷書，去看其他書籍以了解更多。當我去看歷史資料，把福音書上講到耶穌所做的事，與當時的文化規範作一比較的時候，我發現，這些婦女個別的故事所發揮出來的感染力倍增起來。我看到一個患有血漏的女人在當日所受到的社會束縛；我又發現在路加福音第十三章，當耶穌用「亞伯拉罕的女兒」來稱呼那個直起腰來的女人的時候，他其實是在發佈一個極不尋常的聲明，因為在此之前，從沒有拉比會如此稱呼一個女人。

她們的夫子被釘的時候，這些婦女都在場觀看。我開始明白到，在耶穌還未上十字架之前，竟有一羣婦女一直與她們的拉比共同進退，陪伴在則(並沒有丈夫或父親陪同)，有一星期之久，這舉動是多麼令人吃驚。我很想知道，為甚麼我從沒有聽聞過這些事情呢？在我所聽過的講章，沒有一堂道曾提及這些驚人的事迹。耶穌作了這麼多的事工都與女性有關，他違反了當時的文化規範，他期望她們對自己所信的有所反省；並召她們作他的門徒。但是，那些「聖經學者」聲稱自己是跟隨耶穌的人，又如何可以沒完沒了的談釋經，解釋以弗所書或哥林多前書所提及的教會領導，或女人可不可以禱告等問題（提摩太前書），而很輕易地無視他們所信的主一生所行的事，對那些他所作的婦女事務避而不談呢？

不久以前，我有不少筆記本，裏面都寫滿了很多婦女的故事、歷史資料數據及我從加利利上耶路撒冷時的遊記。一天，我重溫路加福音裏耶穌受難的片段，我發現那些婦女走在一起，「那些從加利利和耶穌同來的婦女跟在後面，看見了墳墓和他的身體怎樣安放。他們就回去，預備了香料香膏。他們在安息日，便遵著誡命安息了。」（路二十三55～56）《她們的改變——與跟隨耶穌的婦女相遇》就是在那個安息日發生在伯大尼的故事，是我根據福音書的記載，加上我自己的想像寫出來的。從另一個角度考慮，這裏面所寫的故事，我認為有可能是真有其事，是在耶穌死後第一天可能發生過的事情。

抹大拉的馬利亞是《她們的改變——與跟隨耶穌的婦女相遇》的一個重要人物。這不單因為她是首位見證耶穌復活的人（在那個時代，法庭並不採納女人的證供），而且我發現她有非凡的理解力和情感。因為這個原因，她成為一個女性的典型。抹大拉的馬利亞曾經完全迷失自己，她需要耶穌把她召回來，做回她自己。在《她們的改變——與跟隨耶穌的婦女相遇》開始的時候，她又再次迷失自己，需要藉重新活出神大能的醫治，以及聆聽那些與她一起作主門徒的姊妹們的聲音來再次被召回來。在耶穌死後的第一個聖週六，她被引導去思想一些問題，從思想聖潔的主釋放人的一個簡單的信息，到一個更難明白的問題，是她從來沒想過的。就在那個時候，她再次找到了基督。

在福音書裏面，有很多婦女的名字都叫馬利亞(Mary)。這個把眾多個馬利亞混淆的情況早已是一個長年累月的問題。為免出現混淆，我決定稱呼抹大拉的馬利亞(Mary Magdalene)為「馬利亞」，耶穌的母親(Mary)為「耶穌的母親馬利亞」，革羅罷的妻子馬利亞(Mary Clopas)的稱呼則沒有改變，仍叫「革羅罷的妻子馬利亞」，馬大的妹子馬利亞(Mary)叫「瑪利亞」(Maria)。

很多人常常會向我表示關心，擔心我寫耶穌和他如何對待婦女，即最早跟隨他的人，會給人一個錯覺，以為行族長制的猶太教，是被反族長制的耶穌並基督教所推翻，而引發出一種反猶太主義的思想。在那個時期，希羅(Greco-Roman)社會和猶太社會虐待婦女的情況可謂不相伯仲。這個時期的教會歷史發展，亦出現過幾個苛待婦女的輝煌時刻。假如我們相信耶穌是最能將神的心意完全顯明給世人看，那麼，説耶穌是一個聲言，表現出來的是一個偏激和突出的聲言，也是言之有理的。這個聲言所反對的是，所有具組織架構的宗教裏所普遍存在的偏見和欺壓的情況。

抹大拉的馬利亞所傳的福音並不是一個無足輕重、內容空泛的「佳音」。這個佳音是一道照亮黑暗的光，是一個由她與其他聚集的婦女所講的話一同編織而成的佳音。她們的佳音把我們從噩夢的邊沿拉回來，在一個信仰的羣體中，帶給我們希望和目標。

個人思考與小組討論問題

1. 你對那些曾經在耶穌身邊出現，並在他被釘十字架的時候與他在一起的婦女向來的印象是怎樣的呢？你對她們的印象從哪裏來？（例如：從法蘭絨板聖經插畫、聖經藝術圖畫、故事或從教會而得來的印象等等。）請組員逐一分享他們的答案，然後，由一位組員記下他們相同與迥異的想法，在大家分享後作一總結。

2. 請朗讀路加福音二十三章46至56節（《她們的改變——與跟隨耶穌的婦女相遇》，前言）。本書的故事背景設定在這些婦女生命中的黑暗時期。當時，她們正處於一個完全無道理可言的情況之下：從表面上看，魔鬼確實已經得到了勝利。而她們要設法理解為甚麼情況會這樣。

   a. 很多人都有這樣的經歷：有些時候我們會覺得，黑暗、絕望和空虛似乎成了大贏家，而我們認為合理的事卻沒有出現。請每位組員都分享他一次類似的經歷。

   b. 待各組員分享完畢，請他們思考以下的問題：我們所經歷過的絕望／疑惑／黑暗的光景，與在《她們的改變——與跟隨耶穌的婦女相遇》裏面，那些在伯大尼聚集在一起的婦女所經歷的，和她們的感受，有甚麼相似或不同的地方？

3. 伯大尼這班婦女聚集的主要原因，可能是她們可以互相支持和分享彼此的經歷。當你的小組一起研讀《她們的改變——與跟隨耶穌的婦女相遇》的時候，你們又可以怎樣成為彼此的支持呢？你們在聽別人分享他們的經歷的時候，可以如何使自己像聆聽《她們的改變——與跟隨耶穌的婦女相遇》裏的婦女所講述的故事一樣？在結束聚會之前，大家談談自己來參加這個小組聚會的期望。

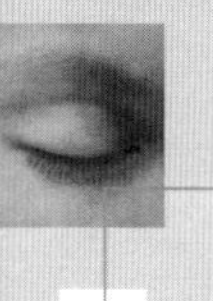

前言

耶穌大聲喊著說：「父阿！我將我的靈魂交在你手裏。」說了這話，氣就斷了。百夫長看見所成的事，就歸榮耀與神，說：「這真是個義人！」聚集觀看的眾人見了這所成的事都捶著胸回去了。**還有一切與耶穌熟識的人，和從加利利跟著他來的婦女們，都遠遠的站著看這些事。**

有一個人名叫約瑟，是個議士，為人善良公義；眾人所謀所為，他並沒有附從。他本是猶太、亞利馬太城裏素常盼望神國的人。這人去見彼拉多，求耶穌的身體，就取下來，用細麻布裹好，安放在石頭鑿成的墳墓裏；那裏頭從來沒有葬過人。那日是預備日，安息日也快到了。**那些從加利利和耶穌同來的婦女跟在後面，看見了墳墓和他的身體怎樣安放。他們就回去，預備了香料香膏。**他們在安息日，便遵著誡命安息了。

路加福音二十三章46至56節

第一章

聚集的婦女與呂底亞的故事

當耶穌復活的那個安息日，天未破曉，抹大拉的馬利亞就已經開始摸黑上路，她當時的心情到底是怎樣的呢？抹大拉的馬利亞是一個誓不向生命低頭的女子。她是村裏最早熟的孩子，向來謹慎遵行律法，惟生性桀驁不馴，是未能盡得其父歡心的不肖女兒。但她卻極其渴望能討神的喜悅。她渴望得到愛。這渴望乃是在她探索自己女性特徵的過程中，一個最為冒險的想望。可是，當她一頭栽進在對往昔的追憶中，腦袋卻忽爾打起瞌睡來。

人在感到震驚之際的經歷，以至人在失落的時候，身體所出現的各種徵狀，都是一些人們會談論的事情。但有一種反應卻是他們所忽略的，那就是抹大拉的馬利亞所表現出來的那些如樂章般的情緒反應，時而激盪，時而輕柔。對抹大拉的馬利亞來說，她每一次所感受到的因恐懼而有的顫抖，都猶如遭逢了一場地震那般；而每一個激奮人心的屬靈感受，都是一個異象的出現。耀眼的屬靈亮光和使人窒息的黑暗幽谷，使恐懼與驚嘆在她的生命中交錯出現。在這個早晨，就有幽暗來壓住她。

黑暗，是抹大拉的馬利亞在這個安息日整天所得的體會。早幾天前，她還一直在瞇著眼看在地道盡頭的一點光，可是在一聲隆然巨響之後，前面的去路卻因坍方而被堵塞著。她只能拚命去挖開沙石，掙扎呼吸。

啊！不是的，那裏不是還有一線閃爍的微光，一口新鮮的空氣嗎？當她從噩夢中驚醒的時候，才發覺自己原來並非孤單一人。

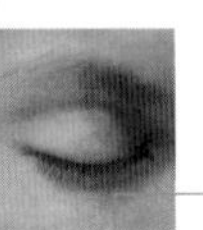

在今天這首個聖周六，那些從加利利來，曾經與耶穌同行，在耶路撒冷跟隨著他的婦女都聚集在一起。她們彼此安慰，整天與黑暗對抗，不分晝夜。她們從彼此之間互相支取力量，並開始努力去明白耶穌的生與死。

這些婦女在他死後不足二十四小時之內，以她們的信和愛使這一天歸為聖日。

乍睡乍醒的時候，抹大拉的馬利亞在夢中掙扎，感到自己像被人從後拉扯著，要把她吸進充塞著陰暗、絕望、無助的噩夢之中。誰可知道，假使她真的是孤身一人的話，將會有甚麼事情發生呢？在耶穌死後的這個清晨，她亟需要她們把她從虛荒的景況中搶回來，幫助她戰勝那些在夜間出沒的恐怖妖怪。

在一片深紫藍色的天空上，一輪滿月高掛在墳塋上方，帶著不祥之兆。抹大拉的馬利亞走過汲淪溪、穴洞，不……她隱約看見一個個墳墓從左至右出現。啊！又有一個黑漆的坑洞，一個方才掘出來的墳墓。驚恐開始叫她窒息，但奇怪，那驚恐並不是臨到她自己的。那驚恐是臨到她的朋友、她的夫子的，這才叫她感到顫抖。

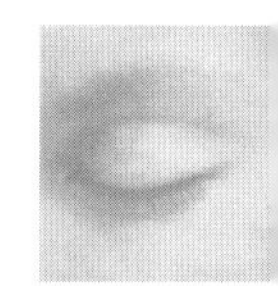

「不要害怕。」這是一句耶穌常對他們說的話。「不要害怕。」但那上漲的驚慌像潮水一般沖蝕她連連的禱告，要淹沒她的聲音。

他當時一定是很害怕的，必定是很驚惶的。

她的雙腿卻拒絕跑動，這雙只在昨天仍是年青活潑的腿。他已經走了，已經在墳墓的前頭。那些墳墓向他發出死亡的咒語。

她一定要找到他的。只有她才可以在他落在驚恐之中的時候安慰他。

「拉波尼，我一定會與你一同等候，一定會與你一起警醒的。」她大聲呼叫，但她的呼叫聲給掃進空洞的墳墓裏，消失了。於是，她提高嗓子高呼：「拉波尼，我一定會與你一起警醒等候的……」

那些婦女挨近她。她們並不害怕觸摸她，也不害怕與她同聲痛哭。她們是照顧病中小孩、守護在生產中的女人、侍在快將離世的鄰居身旁的人。醒來的時候，她那重甸甸的頭在蓆子上輾轉反側。原來是一個夢……噢，我的神呀……她的驚恐開始消滅。但那份空虛的感覺雖說是一種保守，卻被完全的絕望與恐懼掃落在一旁，像被一台軋碎機壓碎一樣。但是，他並不孤單，也不害怕，因為他已經不在人世。

那支把椿釘刺穿他手腕的槌子，在她兩邊的顳嘭嘭作響。他那滴下來的血好像是從她自己的雙眼和鼻孔裏滲漏出來似的。別人的譏諷和他們粗啞的笑聲在她的腦海中回盪。她用手拂拭自己的雙眼，努力把血拭掉……血，從他兩眼滴下，蒼蠅黏著他的臉。

她的頭從蓆子的這一邊輾到那一邊，她的呻吟聲與他的叫喊聲互相呼應著，那是他悲愴的尖叫聲。叫聲在她的意識中重複回響，沒有停斷。那十字架又再一次被豎起來，捶進地裏去，把他的肉撕破。他死時的景象不斷重演，時間就永遠卡在那一刻。

她們悄聲説話，又觸摸她，把她從深淵的邊沿拉回來。

「馬利亞，馬利亞，不要怕，我們都在這裏。」

「這實在太辛苦她了⋯⋯」

「他使她得著釋放之前，她是幹甚麼的？」

「她一生⋯⋯跟隨他，愛他。」

抹大拉的馬利亞的臉被她那深色的長髮遮蓋著，那髒兮兮的藍色袍子扭纏在她的小腿上。她拖著沉重的身軀坐起來，並開始把一頭織成一團的亂髮，從她那滿是淚水的臉上撥開去。一卷白雲飄過日頭的邊沿，那映照在草蓆上之雲影的百態在蓆上盪漾。她凝視四周環境，只見一張張臉哄著她，她把這些臉與那些在她腦海中的影像互相對照著，把它們弄個清楚。她注視她們一張張的臉，感到自己好像看著一面鏡子。而這面鏡子竟以親切而溫暖的態度回看她。

她們的臉沾滿了淚水，掛著傷痛的愁容。這些與抹大拉的馬利亞坐在一起的婦女是誰呢？[1]撒羅米 (Salome) 是與她一起在墳墓的那一位；至於約亞拿 (Joanna)、羅大 (Rhoda) 和呂底亞 (Lydia)，她們真的才不過在十天前與耶穌一起從加利利上耶路撒冷的嗎？蘇撒拿(Susannah)在迦百農的時候，待抹大拉的馬利亞就好像自己的親女兒一樣，她也是她們路上的同伴。在角隅的米利暗(Miriam)，又叫革羅罷的妻子馬利亞，當日也在墳墓那裏。她握著耶穌母親的手。馬利亞面色蒼白、虛弱、兩眼凝望。她們住在馬大和她的妹妹瑪利亞的家，受到她們熱情的款待。

雖然那些婦女一同席地而坐，但彼此並不熟悉。那些從加利利來的人，由於多年來一起跟隨耶穌，感情固然是情同姊妹。反之，馬大和瑪利亞只是在大節期期間，耶穌入城的時候才認識他的，所以她們兩姊妹才於不久前認識其他婦女。雖然看上去，她們都穿戴著款式相若的外袍和頭紗，但她們也得集中精神，才能聽出各人不同的鄉音，她們也會被彼此些微不同的風俗和舉止攔倒。其實，在宗教上，她們所關注的東西都各有不同，其差異之大，並非可以從她們的服飾或舉止反映出來。因為在耶路撒冷的信徒已經將他們信仰的重心放在上聖殿敬拜之上，而那些從鄉下來的婦女則是放在妥拉和到會堂聽道上面。

不過，這天早晨，這些婦女一同醒來。她們乃是在愛中聚集在一起，在叫人感驚異的新生命中走在一起的人。她們如今是在失落的廢墟中聚集在一起的。

馬大在抹大拉的馬利亞身邊蹲下來，端上一隻陶碗。

「喝了它，趁熱。」

她啜了一口，就接過那陶碗，大口喝下去。

在這個初春早晨，房子猶有寒意。雖然，人不可以在安息日點火，馬大卻已早有準備，她從昨天開始就把火種留著，又從昨夜開始把一點熱水留著用。[2]

血在生命在，這些婦人的生命已失去了，她們會有甚麼話要說呢？

抹大拉的馬利亞凝望著空碗。她醒來的時候，撒羅米就開始説話。她那烏黑的捲髮夾雜著白髮，話卻好像已説開了頭似的。她要把自己的經歷講出來，就好像人經歷了一次可怕的意外，或是一場瀕死的惡疾之後，要細訴前塵往事一般。這些婦女將要一個接著一個的，把她們所經歷的事講出來。而這次是她們中間的一個開始。撒羅米説話的聲音在房子裏顯得響亮。

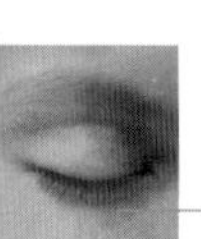

當時，我們知道耶穌已經死了。我們又聽到那些士兵交談的聲音。他們說，有一個同情耶穌的議士來見希律，求他批准，讓他可以去安葬耶穌。但是在未確實耶穌是否已死之前，他們是不會把他的身體交給他的。後來，約瑟來了，站在我們旁邊，我們相信他就是士兵所講的那個議士。那些士兵走到其他被釘十字架的人那裏，把他們的腳折斷；然後就向耶穌那邊走去……

「耶穌已經死了。」我對約瑟説。他就開始解釋説，因為安息日和逾越節將至，他們必須確定所有被釘的人都已經死去，所以，那不過是他們要盡的職責。當我與約瑟和另一個兵丁他們爭論這件事的時候……有人刺穿耶穌的肋旁。他們就把他放下來。

當撒羅米複述這件事情的經過時，那些婦女無法互相對望一眼。在她們所處的房子裏，瀰漫著痛苦，但最叫她們難受的是，要她們從痛苦中放眼去看耶穌的母親。撒羅米又再開腔：

> 約瑟和另一個人把他的身體移到我們站著的地方，我猜那人是一個夫子。我們抱著耶穌，望著他，仍然不能相信自己手裏所抱著的耶穌已經死了。約瑟說，時間已經很緊迫，假如我們想在安息日之前，把耶穌的身體安放在一個安全又有尊嚴的地方，我們就要開始行動……於是，我們用細麻布把他的身體包裹好。[3]

在耶穌被釘十字架的時候，所有婦女都在當場，但當中只有抹大拉的馬利亞、撒羅米和米利暗幾個去了墳墓那裏。[4]其實，我們只消看一看這些感到惶惑的婦女在當時所處的環境，就不難明白箇中的原因。耶穌受死那天不單是一個叫人傷痛欲絕的星期五，而且也是個危險的日子。所有跟隨耶穌的人都早已知道，無論是被釗之人的親人，抑或是他的朋友，如果被人見到他在釘十字架的地方，為那被釘的人抱頭痛哭，他們有可能同樣被處以釘十架之刑的。馬大和瑪利亞將耶穌的母親和幾個曾經留在十字架下直到耶穌死去的老年婦女接了回家。

耶穌的母親和其他人都極其渴望能看見他停止受苦。在她們心裏，又極其渴想他的殘軀能在某處地方靜享安息。

米利暗抱著耶穌的母親，對她說：

馬利亞，他死的時候，你其實也都在那裏的。

由於她們彼此都是鄰村的人，早已互相認識，所以個個都情如姊妹。米利暗說了這話，就轉身對其他人說：

馬利亞之所以悲傷，是因為她沒有親眼看見他被埋在墳墓裏就已經回家去了。我已經跟她說了很多次，我說，我們大家要分頭行事。我留在那裏，並會替她留意著那裏所發生的一切事情，所以，我眼所見的就即如她親眼所見的一樣。她和約亞拿並呂底亞則先回去，她們要在安息日開始之前，把香膏和油調好備用。

米利暗輕輕把耶穌母親的頭枕在自己的肩上，又對她說：

那時，你是必需先回家去的。他已經死了，他根本不會知道你不在那裏。而且，假如我們被人看見我們在墳墓那裏，那將如何是好呢？
他們是用最上等的細麻布把他的身體裹好的。

撒羅米很想將自己心中一切的話盡吐出來，因為這樣可以消除被抑壓著的痛楚。

約瑟問我們打算到哪裏度過安息日，我們就告訴他，

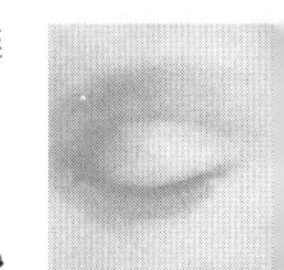

我們會到伯大尼這裏。他說，如果我們想在日落之前攀山過去，就得趕快起行。

我和米利暗大家交換了一個眼神。我們要親眼看見他們把耶穌埋葬在哪處地方，不然，我們是絕不會離開的。因為，那些羅馬人是會虐待犯人的，並會把他們的屍體棄置在廢堆之中。

米利暗打斷撒羅米的話，暗想自己這樣做會撫平馬利亞的恐懼：

不過，他們把他安葬的地方是一個墓園，而且是一個你意想不到的好地方。馬利亞，他們很小心地把他的身體放在一個乾淨的新墳裏，我們也進到墓裏去看過他，觸摸他的身體。後來，約瑟說，他想把墳墓封好，我們就給耶穌最後一吻。

一輪沉默籠罩住眾婦女。抹大拉的馬利亞傷心得彎著身子。那陰濕的石壁及他冰冷的身體叫她的心打著冷顫。她努力站起來，喊著說她一定要去陪著耶穌。其他人都想安慰抹大拉的馬利亞，使她平伏下來，但她們自己的傷痛也在撕裂著她們。馬大和瑪利亞身為這個家、這個城的主人，開口對她們說：

「馬利亞，再來喝一碗熱茶吧。」

「你現在不能去他那裏，我們任何一個人都不可以去。因為這裏並非加利利。」

「我們明天可以一早就出發，這是我們明天第一件要辦好的事情，我們要把油帶去，好為他進行一次他配得的葬禮。」

「但明天是安息日，我們必須等一下，不能莽動。」

抹大拉的馬利亞哭著跪下來，身體前後搖動：

孤單，孤寂。他在臨終前的一段時間，完全是孤身一人。

墓園的黑漆壓住她。

我不能再忍受了。在十字架旁的時候，約翰定睛望著耶穌，他告訴我當耶穌在園中禱告的時候……他和其他門徒都不明白……耶穌需要的是得到安慰……他需要人告訴他不要怕。但他們……竟然睡著了。

猶大離開他們，去了公會那裏……這事耶穌也都知道……他走過汲淪溪……那一張張嘴向他發出死亡的嘶叫聲。

後來，他們到了那個園子。月色在橄欖樹上晃動。耶穌迫切地祈禱，想設法捂住自己的耳朵，不去聽那些要來殺他的人來到的腳步聲。

他全然孤單。約翰和其他人都睡著了。耶穌本來可以逃走，往山上跑……進到曠野。他便不會死……不會孤單一人，在那冰冷的墳墓裏……

她的聲音幾乎已變成了一種叫喊聲，此刻又頓成微弱的聲音。

我怎麼會有不願意為他擺上的東西，以致我沒有與他一起在園子裏呢？我本該可以與他坐在一起，與他一起禱告，抱著他的……他心裏困苦，只有恐懼陪伴他。他知道將會臨到自己的事……

抹大拉的馬利亞兩手掩面痛哭。她們都凝望著她，回想他在園中所受到的驚恐，想起他在十字架上的那幾個小時不斷被痛苦煎熬。

沉默停在那裏有幾分鐘時間，另一種恐懼卻已爬進房子。恐懼惴惴不安地向她們每一個人攀過去，暗示著她們的喜樂早已好夢成空，低訴著她們各人很快便會忘卻自己所得著的新生命。

誰會最先告訴大家她有這個害怕呢？身材苗條的高個子呂底亞開始啜泣，她就坐在抹大拉的馬利亞身旁。

我很害怕……自己會忘記這些事。神的榮光一直燎亮著我的生命，至今已差不多有兩年了。但如今這光已經給拈滅了。假如我忘掉光是怎樣的，那會怎樣呢？

眾婦女都低聲贊同她的說話。約亞拿坐在呂底亞旁邊，也點頭稱是。

我兒子死的時候，我答應過自己，我永遠不會把他忘記。但如今，他的面容，他的笑臉，並我握著他的手的時候的情景，我都已經無法回憶起來了。當我滿以為自己並沒有忘記的時候，我卻懷疑自己的記憶，懷疑它在作弄我。假若在市集裏，他從我身邊走過，我會知道那就是他嗎？

耶穌的母親首次激動到說起話來：

自從他在我腹中跳動的時候開始，我就已經知道他。但或者甚至連我也會把他忘記。

米利暗握著她的手。

昨天在墳墓的時候，我儘量去看清楚他的模樣。我這樣做不單是為了我自己，也是為了你——他的母親。我竭力把他臉上每一處細微的地方都刻畫在心裏面。我不願意我們中間會有人忘記他的容貌，忘記他所做過的事，和他講過的說話……

在這些婦女的親密關係裏頭，存在一股力量。但在她們當中，誰是首先發現自己的生命乃是豐滿的呢，而且能覺察到甚至她在失落中的時候，她同樣是富足的呢？馬大擱下一壺冒煙的液體，在呂底亞身旁跪下來，並撫弄她的頭髮。

我們是不會忘記的。難道你仍不明白嗎？我們每個

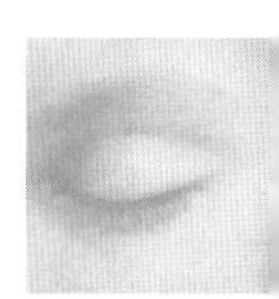

人都有……自己的經歷。你在加利利的時候，曾經與耶穌一起同行。然而，對我和瑪利亞來説，他在加利利生活的那些日子，是我們所不知道的。我們只能記得他生平的其他部分，和他的教訓。

馬大對她妹妹説話的時候，好像是要努力説服她自己一樣。

我們是不會讓這裏任何一個人把他忘記的。我們是絕不會忘記的，對嗎？瑪利亞……

瑪利亞環顧她們的臉，她們都望著她。她搖頭説：

不會。我們是不會忘記的。

馬大站起來，把頭髮往腦後撥開去，並蹲在呂底亞面前。

來，告訴我們，你是如何遇見他的。

呂底亞輕輕點頭。她有一份尊嚴，這幾乎是一種不靈活，一種因多年的離羣索居和她所受到的羞辱而積習而成的不便。

聖經並沒有記載她的名字。每當提到她的時候，她亦只會在解説耶穌叫睚魯的女兒復活的那段事迹中出現，並提及她是一個患有血漏的女人。

對我們現今的女性來說，我們是很難想像得到，她們這個圈子的婦女對月經的理解乃是一件很實在、每月裏都例必發生的事：就是一連七天被人視自己為一個污穢的人，並會污穢他人的人。但對呂底亞來說，下體流血乃是表示她是一個無時無刻都不潔淨的人，無論任何人一經與她接觸，坐她坐過的地方，或是躺在她躺過的地方，都會成為不潔淨的人。[5]

如果我們不能意識到，呂底亞是一個曾經歷過人生最深的絕望與痛苦的人，並在她內心深處是有著一份堅苦，到後來又偶然找到了希望，那麼，我們是很難去看清楚她這個人的。[6]

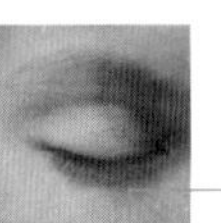

呂底亞開始述說自己的故事。

我在迦百農長大，雙親在我年幼的時候就已經過世了。因為得了這個病，我永遠都不可以結婚。

我患血漏已經有十二年。其間大部分日子，我的身體都很虛弱，會常感到天旋地轉，而且被痛楚折磨。我不斷尋求醫治，已經看過無數治病的人和醫生，又試過我隔鄰的嬸嬸給我的偏方；還試過把一種草根壓碎來服用，這種草是住在我家後面的一個女人介紹給我用的。我又屢次長途跋涉，去到其他在加利利的城鄉，看一個我未曾去過他那裏看病的醫生，或者去一個傳聞會治病的人那裏去尋求醫治。我經常在黎明前就起行，可能一走就是五至六個小時，而且都是超過我的體力所能支持的，然後開始等醫生看我的病。我是很小心的，不會走近其他病人。不過，如果他們知道有個患血漏的女人在

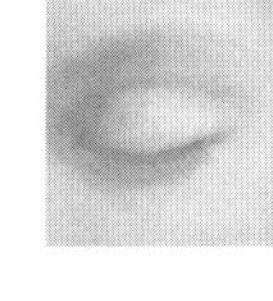

那裏，他們就會向他們的孩子咕噥，瞪著他們，或喝罵他們，著他們不要走近我。

曾經有很多次，我眼見太陽升上正空，又開始向地平線西沉下去。其他比我還要遲來的人都被叫了去看病。有時，就算最終有人帶我去見醫生，不過，到了這個時候，醫生也是不會替我做檢查的。他不是要看其他已預約好的病人，就是會有其他事情要處理。如果他因為我而變得不潔淨，就會為他帶來諸多不便。我沒有結婚，也不能生兒育女。一個醫生何必要為醫好我的病而叫自己不潔淨呢？我也曾想過上耶路撒冷去看醫生，但對一個身體虛弱的人來說，那路途實在是太遙遠了。不過，我既然來到聖城，又怎可以不上一趟聖殿呢？難道我為了自己的不潔淨而要錯失機會麼？

我患病十二年後，錢已經花光了，但我的身體卻比以前更加虛弱，病情比往時更加嚴重，我也比以前更感孤單。作為一個女人，我多年來的女性價值就此離我流逝而去，就好像沙漏裏的沙……隨著時間消逝……消逝……

後來，我開始相信神是與我為敵的。按著摩西的律法，我永遠不可以親近男人，也不可以進入鄰舍的家而不會使他的房子不潔淨。我也不能請客人在家裏吃飯，因為我煮的菜都是不潔淨的。我的姊妹啊，對我來說，所有你們每月都要遵守的規條，我知道都是我要一生嚴格遵行的，這是我要接受的事實。我永遠不可以去敬拜，一個又一個安息日，我聽見那些小孩上會堂去的時候，他們在路上的聲音，又聽見他們的父母在悄聲說話。

我開始感到自己就是夏娃，是通向毀滅的門檻，正如村裏那些師傅都是這樣叫她的。我懷疑，男人講關於我們女人的所有說話是否真確，他們說，女人是導人向污穢和墮落的。我覺得自己好像一塊骯髒的爛布。我希望自己可以一睡不起，其他任何東西我一概都不想要。我一生就在軟弱、痛苦和絕望的迷霧中顫抖。

後來，我聽見有人說，在迦百農來了一個新拉比。有傳聞說，他是會行神蹟的。可能……或許……我儘管去想，或許這個新來的拉比就是我要找的答案。我放膽讓自己去想像可能會出現的結果，我就是想那麼一剎那也好，我想到自己的人生，健康、得醫治、有自己的朋友……

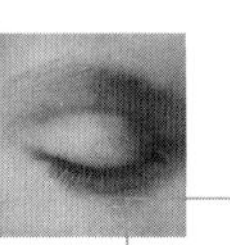

不過，我又想起另一件事來。你這愚昧的人哪！我對自己說。他是不會觸摸你的……他觸摸你，自己就會變得不潔淨。說不定他會就此失去他行異能的能力。

不過，我聽見有人說，他曾摸過長大麻瘋的人。我花了幾天的時間去想辦法，或者可以如何走近他。我想，我可以如何觸摸他而不會讓他發覺，又不會讓他的跟隨者把我趕走，叫我這不潔之身遠離他們那聖潔的夫子。

但是，他是個行神蹟的人。如果我在他附近出現的話，他是可能會知道的，並且會大聲喝著說：「不要摸我！快趕走她，不要讓她碰到我，這個污穢的女人。」

我又告訴自己，即使我能成功接近他，碰他那麼一著，大概也沒有甚麼作用。不過，我同樣對自己說，縱使這次失敗了，我也沒有甚麼損失。只不過，這將會是我最後一次得到醫治的機會。

所以，我一定要試一試。在第二天……我知道他會進村裏去……我得儘量潛近他，然後摸他。

次日，我一早起牀，心中充滿害怕。我感到自己比平常更加虛弱，更感暈眩……我於是想，或者我應該等一下，等到明天，再看自己身體的狀況是否會好一些才起行……不過，我知道這件事一定要在這天辦好……於是，我穿好衣服，並儘量吃點東西才出去。

我邊走邊聽的朝著村子的市集走去，細聽人羣的聲音是從哪裏傳來。對了，我聽見了，是一大羣人圍著耶穌的聲音。當時，他已經將腳步停了下來。我彎著腰，從人羣中左穿右插，一直放下頭紗掩著自己的臉，又試著去偷看跪在耶穌面前的人是誰。

啊！啊！是一個管會堂的人。他一定會知道我是誰……他幾乎在哭訴著，求耶穌醫治他的獨生女兒，因為她快要死了。耶穌點頭答應，開始跟著他走。他們被人羣擠著，向我這邊走過來。

我開始向前踏出去，羣眾的聲音變得愈來愈模糊。我可以用甚麼方法去觸摸耶穌呢？我怎麼可以在這個時候使他成為不潔淨的呢？管會堂的都是大人物，他的朋友都是非富則貴。耶穌那刻要去見的是一個患病的小孩，可能是一個已死的孩子。在這個時候使耶穌成為不潔淨的到底會是一個怎樣的女人呢？

我對自己說，或者，如果我只是輕輕的擦一擦他，觸摸他袍子的縫子也可以吧！或者，那只會使他費一點能力，就已經足夠把我的病治好。那麼，不但他永遠不會知道，連羣眾也絕不會發覺，而他亦可以繼續去辦理他的急事……

我夾在人羣裏面，開始逐步迫近耶穌。漸漸地，我離他有幾個人那麼遠，後來就只隔著一個人，我最後成功貼著他。我躲在他的身後，彎著腰，好像是掉了東西似的，然後觸摸他袍子的縫子。

我的姊妹哪！在那一刻，我感到一股暖流從自己的手臂襲上來，經過我的身體，再落在我的腿上，並且有一種平安、完全、潔淨、健康的感覺……好像我在兒時所感覺到的一樣……穿透我整個人。耶穌已經醫治了我。我想，我得快逃走，去甚麼地方都不要緊，只求我能離開人羣。我需要完全去感覺它，要沉醉在那一天所發生的事情當中。我轉身就走。

之後，我就聽到有個聲音說：「是誰摸我？」

我給愣住了，仍是半彎著腰。我轉身背著那個聲音走。「是誰摸我？」

眾人都笑起來。「這裏？人頭湧湧？」

「主啊！這裏隨時都有二十個人碰著你哩！」

「你這是甚麼話？！」

他又再說：「是有人摸我。我感到有能力從我身上出了去。」

在我整個人裏面的每一個部分都想飛奔逃走，我想躲起來，使自己不會被人發現。因為知道的人會閃身避開，他們會冷笑……那份溫暖就會消失……

我慢慢地轉身，全身在顫抖。我聽見自己的心不停地跳，又感到自己的頭快要脹破。結果，我跪在耶穌的跟前，定睛望著他袍子那沾滿灰塵的邊緣，鼓起勇氣說話。

「摸你的⋯⋯是我。我一直⋯⋯受著病苦，已經有十二年了。從來沒有一個人能把我治好。我很害怕，我想，如果我求你醫治我，跟隨你的人，甚或是你，都會取笑我、譏誚我。我也很害怕如果我觸摸你，就會使你不潔淨。所以，我彎著腰，摸你的縫子。但現在⋯⋯我的病好了。」

我望著他袍子底部滿是塵埃的邊沿。當時，我感覺到耶穌的雙手放在我的肩膊上，他輕輕的扶我站起來，窺視我的眼睛。人羣似是已經散去了。他望著我的時候，我感到他很了解我，他知道我從前是個怎樣的女人，也知道我以前的心願，想成為怎樣的女人，他十分清楚了解我。我搖頭。我對自己說，我怎可以想，我能向你隱藏我自己呢？

他溫暖的愛猶如陽光之和煦。我的心感到萬般驚疑，他深知道我，他也愛我。「我的女兒」，他輕輕笑著說：「你怎麼能夠使我不潔淨呢？你剛才伸出手來摸我，是對的。你當完全⋯⋯剛強⋯⋯自由⋯⋯」

婦女們都坐下來，沒在作聲。最後，馬大打破沉默說：

「於是，你就跟隨了他。」

「我還可以做甚麼呢？我們跟隨耶穌好像要撇下很多的東西，但我卻不是這樣。因為跟隨他已成為了我的生命。」

不錯。坐著的婦女都從呂底亞的經歷得到了激勵。耶穌的觸摸乃是一個強烈的、一對一的醫治行動。

可是，很多傳道人卻忽略了這個故事的重心。當耶穌觸摸呂底亞的時候，他乃是在舉行一個潔淨禮的儀式，要將與女人的生命串聯起來的那種恐懼和人性的墮落洗擦乾淨。無數個世紀以來，很多宗教都在這一點上搞得一塌糊塗。[7]

這乃是一個要我們遵守的命令。

昨天，約翰對我說，我很勇敢，因為我跟隨耶穌來到耶路撒冷，而且路途遙遠；站在各各他山上，給眾人知道我是他的一個友伴，並為人所共知。然而，我並未認識他，我可以作甚麼呢？

對呂底亞來說，跟隨耶穌是一件簡單自然的事。但在那些婦女當中，有些人開始看來有點不安，她們想起那些曾經跟隨耶穌，但後來離去的人。馬大盡力安撫各人，使她們感到快慰一點，正如女人慣常都會這樣做的一樣。

呂底亞，你已經是很勇敢的了。我感到不安……我在想，他的夥伴怎可以背棄他的呢？但或者，正因為我們該已看見我們的生命在有了耶穌之後，已經完全改變……我們才與其他人不同……

之前，約亞拿只開口講過一次話。她在眾婦女當中，是最有學問的一個，也是穿戴得最好的。約亞拿是

希律的家宰之妻，是其中一個跟隨耶穌的婦女。[8]她作出回應說：

他曾說過，這些事都要發生。你們還記得他講過一個關於撒種的比喻嗎……[9]

我們當時在加利利海邊，有很多人來到那裏聚集，耶穌只得借一艘漁船，上船坐下，等羣眾都安頓下來。他們中間有些帶著嬰孩的母親，不斷哄孩子，作父親的則著那些大孩子安靜下來，其他人就坐在地上。耶穌指著一個在田間工作的農夫，他一邊在田裏穿梭，一邊探手入袋子裏取出種籽，撒在地上。眾人都看見他把舀出來的種籽撒在山邊，耶穌就開始講關於天國的比喻。我們一面聽，他就一面講。他說，種籽有可能會撒落在各種不同的土壤裏，然後生長。我見到人羣中有人點頭稱是。他說，有些種籽落在路旁，有飛鳥來吃盡；有的落在土淺石頭地上，發芽得快，但不一會就枯死了；有落在荊棘裏的，被荊棘擠住了；有些落在好土裏的，就結實生長，果實纍纍。後來，耶穌解釋，他用種籽來比喻神的話落在我們所有聽道的人心裏，這比喻的意思就一清二楚了。

當時，我們或者存著害怕的心去了解這比喻的意思，我們懼怕它所講的會成為事實。

不過，我們目睹他的話就在當天和翌日應驗了。我們看見有好些人聽了耶穌的話以後，搖著頭就走了。又有好些人聽了道感到很興奮，說：「我們遇見了一位多麼偉大的夫子！你也來聽聽他吧！」但是，當耶穌挑戰他們要看顧窮人，或是叫他們愛他們姻親的時候，他們很快就離開了。另外有些人充滿熱誠地加入我們隊中，但在一兩星期後，他們又大有理由地決定不再跟隨耶穌。他們的藉口有的是為了家庭，有的是為了他們的財產，也有的是為了健康的理由。

後來，又有一把聲音把她們從那個夏日的山邊，和她們夫子說話的聲音拉回來。

另外有好些人像我們一樣，認為耶穌的話對我們來說，就是生命之道。我們聽了以後，都熱切渴望自己能在他的愛中扎根，並成長起來。

註釋：

1. 馬太、馬可、路加和約翰都分別提及在耶穌釘十架前一天出現的婦女，但他們給我們的婦女名單各有不同。這大致是因為他們有不同的寫書對象，而他們這些寫書對象可能會對某些婦女較為認識；對某些卻比較生疏的緣故。參路加福音二十三章49至56節；馬太福音二十七章55至61節；馬可福音十五章40至47節及約翰福音十九章25至27節。單是所有婦女都出現在十字架之下這件事，就已經十分值得我們關注。她們由加利利開始，一路跟隨耶穌到耶路撒冷，其間大約要走一百哩的路程，這也視乎她們所選的路線而定。婦女在沒有丈夫或父親陪同下而自己上路，在當時來說，是一個極為矚目的場面。同行的人中，如果是有男有女的，她們就已經違反了在社會上及宗教上的準則。按一些學者所說，「跟隨」（following）一詞在「所有的文本裏面，是一個專門術語。意思是指堅定相信傳道者所傳的道並完全投入其傳道之工作，四出傳道。」（Susanne Heine, *Women and Early Christianity*, Minneapolis: Augsburg, 1987, p. 61）。
正如 Gerd Theissen 在他的著作 *The Gospels in Context* (Minneapolis: For-

tress Press, 1991）中指出，聖經用地方名來辨別不同的人物（例如抹大拉的馬利亞、亞利馬太的約瑟、古利奈人西門）的方式是有意思的，因為這些人物並不是按上文下理的發展出現的。一般而言，人的名字都會冠以其先祖的名字，而他的先祖在耶路撒冷已經不再為人所認識。因為對耶路撒冷的人來說，他們並不認識抹大拉的馬利亞的父親，故此，抹大拉的馬利亞是以她的出生地作為她的稱號。至於其他婦女，福音書的作者可能賦予她們不同的名字，這是基於作者在分辨這些婦女時有不同的取向，他們務求用最好的方法，向他們特定的讀者清楚表達他們所談及的人物是誰。

2. 這些婦女大概在馬大和瑪利亞在伯大尼的家聚集，她們的家就在橄欖山外，與聖城相距數哩。Edwin Jerome O'Connor 在他的書 *The Holy Land* (Oxford University Press, 1992）指出，在大節期期間，耶路撒冷的人口會增加兩倍，很多上耶路撒冷的朝聖者都會在一個固定的地方留宿。而耶穌似乎是以伯大尼作為他固定的落腳點。

   馬大和瑪利亞的房子大概有幾個臥間、一個庭院、一個灶堂和一個在地上鋪了蓆子的共用室。參出埃及記三十五章 2 至 3 節。

3. 參約翰福音十九章 38 至 39 節。

4. 參路加福音二十三章 48 至 56 節；馬太福音二十七章 57 至 61 節；馬可福音十五章 40 至 47 節。我們從很多油畫得到一個印象，並留在我們的腦海中：耶穌的跟隨者一直杵立在十字架之下好幾個小時。然而，被釘十字架的人的親友，如果被人看見他們在十字架附近出現，其實是非常危險的。尤其當他們被人發現他們為被釘的人哀哭，他們可能會因此而自己被釘十字架。這個情況亦曾經發生在婦女及小孩的身上。因此，耶穌的跟隨者對此必然十分清楚。在所有福音書裏，都記載到在耶穌被釘十字架的時候，現場有一大羣跟隨他的婦女。在馬可福音裏，更有兩處經文記載此事（參馬可福音十五章 40 及 41 節）。

   L. Schottroff 在她的文章 "Maria Magdalena und die Frauen am Grabe"（「抹大拉的馬利亞與在墳墓的婦女」；*Evangelische Theologie* 第 42 期，由 Kirk Allison 翻譯, 1982, pp. 3~25, 特別在 pp. 6ff。）爭議，耶穌所有的門徒似乎已經在他被釘十字架那天較早的時候，或者在早一天連夜逃走了。只有那些婦女後來返回，到耶穌釘十字架的地方觀看他，而其他人仍然躲藏起來。她引證幾位與耶穌同期的歷史學家塔西圖（Tacitus）及約瑟夫（Josephus）所講，曾經有人因為站在十字架旁，並且有哀傷的表現而被殺或被捉拿。所以，這些婦女留在接近十字架的地方，為她們帶來極大的危險。

   Schottroff 繼續指出，那些婦女在耶穌的墓前出現同樣是很危險的。「她們希望用香膏膏耶穌的屍體，她們想藉此來向死者表示敬意，為她們的信心作見證。我們必須明白：假如有人發現她們在墳墓並且告發她們，她們可能會因此而喪命。」她引述第一世紀羅馬作家彼得若紐（Petronius）的著作，彼得若紐指曾有不少人埋葬被釘十字架的人，在墳墓被捉拿，並因此被釘在十字架上。

5. 參利未記十五章19至30節。
6. 參路加福音八章40至56節；馬太福音九章18至26節及馬可福音五章21至34節。
7. 耶穌召回這個婦人去到他那裏，要她把發生在她身上的事講出來（路八44～48）。這可能是因為耶穌希望給眾人清楚知道，他觸摸了一個「不潔淨」的人。

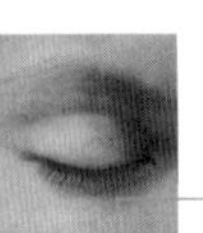

8. 參路加福音八章1至3節。當撒羅米跳舞並施洗約翰被斬首的時候，約亞拿很有可能在希律的園子裏（或者，她最少也很清楚知道這事件的經過；太十四1～12）。她肯定是離開了那種榮華富貴、縱情享樂、欲望橫流的環境氣氛，去跟隨耶穌的。與其他門徒相比，約亞拿很可能更富有政治觸覺。
9. 參馬太福音十三章1至9節；馬可福音四章1至9節及路加福音八章4至8節。

個人思考問題

我建議你在閱讀經文的時候，同時看這些反省、禱告和默想的問題，要慢慢地讀經文，不要粗略。並從你個人的經歷裏、從經文、當時的背景，以及《她們的改變——與跟隨耶穌的婦女相遇》相關的部分，思考這些問題。把你的一些回應記錄下來，或者對你會有幫助。

A. 聚集的婦女 (第一章上半部)

1. 在開始思想這些走在一起的婦女前，請先讀幾處在福音書裏，關於她們在十字架旁出現的經文(路二十三48～56；太二十七55～61；可十五40～47；約十九25～27)。因為所有福音書的作者都有提及這些婦女，很明顯這些資料是重要的(由於各卷福音書的受眾分別認識個別的婦女，因此，各書卷所記載的婦女名單也會有出入)。這裏提及的婦女都是耶穌忠心的跟隨者，她們從加利利開始已經一直跟隨著他；而其他(如馬大和她妹妹瑪利亞)就是耶穌在耶路撒冷的跟隨者。

   a. 嘗試用你自己的方法想像一下，這些婦女跟隨這位新夫子的經驗是怎樣的？她們漠視當日社會上的慣例去跟隨耶穌上耶路撒冷，並目睹他受死的經過。假如你是伯大尼這個家庭的其中一名成員，對以上提到她們跟隨耶穌的那些經歷，你會有甚麼感受呢？

   b. 每個人都會用不同的方式去處理壓力和悲傷。到此刻為止，在伯大尼這一班婦女之中，有哪一個在面對壓力和傷痛時的反應，叫你最有同感的呢？

2. 這些婦女理解到對前事不忘的重要性，也理解到互相分享自己的經歷的重要性。試回想一下你自己的經歷，你曾否試過因為聽了別人的見證，而自己經歷了一次大能的醫治呢？

B. 呂底亞的見證

1. 請閱讀在福音書上敍述這個故事的幾段經文（太九18～26；可五21～43；路八40～56）。然後把呂底亞的故事讀出來，速度不要快，最好能大聲朗讀，好像你是在對著一羣人說話那般。試想像你自己正身處故事發生的當日，並想像一下當時的情景是怎樣的，包括環境的氣味、周遭聽見的聲音、羣眾推撞的情況，以及那些人的面貌。想像你自己就是呂底亞，你有何感覺。試想像你與耶穌相遇時的情景。

   a. 當你彎腰觸摸耶穌衣裳繸子的時候，有甚麼事情發生？耶穌向你說了些甚麼話？你又向他說了些甚麼話？作為呂底亞，這次與耶穌的相遇有甚麼事情最叫你深刻難忘？

   b. 所有像呂底亞一樣的女人，心裏都會有一種很強烈的不潔感覺，感到自己是一個污穢不堪的女人。我們當中很多人都明白這種自己看自己的自我感覺是怎樣子的。試想想，耶穌與這樣的一個女人相遇的意義。作為一個女人，耶穌會對你對自己的評價說些甚麼話呢？

c. 在呂底亞得醫治的故事中，似乎耶穌要她把事情公開是其中一個必要的部分。耶穌並不容許呂底亞靜悄悄地溜走，然後獨享得醫治的喜樂，他要她把事情公開說出來。耶穌當時這樣做，一定會叫呂底亞感到很困窘，你認為他為甚麼要這樣呢？他這樣做對呂底亞有甚麼影響？

小組討論問題

1. 分享你們在個人思考問題A部分1a和1b的答案。

2. 為甚麼見證的分享是帶有能力的呢？如果所回應的是切題的話，請幾位組員分享他們過往的一次經歷，以說明在艱難時刻與別人分享見證的重要性。

3. 大聲朗讀福音書上記載到有關呂底亞的故事。你認為為甚麼耶穌願意觸摸一個不潔的人，特別是當他要去看一個患重病的小孩的時候？

4. 為甚麼耶穌要呂底亞把自己得醫治的經過公開？就我們的生命來說，這件事情對我們有甚麼提醒？(換句話說，如果我們認為她得到的醫治有一半是身體上的，另一半是她要勇於把她得醫治的事公開的話，那麼，就我們自己的情況而言，呂底亞的故事給我們的提醒是甚麼？我們需要做甚麼呢？為甚麼？)

5. 用幾分鐘的時間，讓每位組員分享一下她從呂底亞的故事所得到的提醒，呂底亞與耶穌相遇這件事，有甚麼當頭棒喝的提醒或創見。結束的時候，可以用一點時間默禱。或者各組員輪著來用他們自己的言語重述呂底亞所講過的話：「主啊，這十二年來，我都是不潔淨的。」(也可以說「主啊，我從小時候開始就一直很害怕你……」) 並由一位組員用耶穌的話來結束祈禱：「我的女兒，你伸出手來摸我是對的。你當完全……剛強……自由……」

■第二章

羅大與耶穌的母親馬利亞

羅大拿著一個紡錘，放在膝上。雖然安息日在幾個小時之後才結束，她仍然可以弄紡錘做線。羅大有一張孩子臉，兩眼亮晶晶，眼角都是皺紋。她是一個默默無聲的女人，這得拜傳道人和神學家所賜。

羅大的一生被人遺忘，被基督教世界所忘記。她也是這羣婦女的一員。[1]羅大環顧四周那些婦女的臉，開始說起話來：

我遇見耶穌之前，腰彎著已經有十八年了。那時，我只能看到在自己腳前的一片地。

那到底是從甚麼時候開始的？我從沒有辦法把它記起來。

我只記得自己從前無時無刻都在工作，紡線(好像我生下來就是為了紡線似的)，撿柴枝、搗粉做餅、煮菜、整理牀鋪、洗衣服、照顧我姊姊的孩子等，我的確像一個老是在望著地下的人。

有一天，當我起牀，從褥子爬起來的時候……怎知我的身體已經扭曲了，正如我的生命是扭曲了的一樣。誰曉得在那天夜裏，到底發生了甚麼事呢？

除了繼續生活下去以外，我還有甚麼可以做的呢？我依舊撿柴枝、搗粉做餅、照顧小孩。只要孩子年紀還小，過那樣的生活也算不得甚麼。不過，當他們長大了，比我垂下的頭還要高的時候，他們就大聲嘲笑我，給我起渾名。一天又一天，我都聽見村裏傳來孩子們嘲弄我的尖叫聲。

不過，最叫我難受的是，我永遠不能望見天空。人都在談月色的時候，我卻年復年的只能僅僅從天邊瞥見它一眼；當鳥兒在我頭上飛過，翅膀發出瑟瑟聲的時候，我扭歪頸項去抬頭看，鳥兒卻已經飛走了。

我也不曾看見過一張臉。十八年來，我從沒看見一雙向我露出微笑的眼睛，也從沒見過有一張臉會探視我的臉，想知道我有怎樣的感覺。其他人稱呼我的時候，都當我如聾子一個，甚至不會當我如一個人，幾乎可以說，只像一條狗。過了一、兩年之後，我連話也講不出來。人不是聽不見我說的話，就是不曉得我原來是會說話的，而且他們也不會聽我說的。我就這樣沉默下來。

我與人的接觸也沒有了。村裏的人見面的時候，都會互相擁抱問安，但是他們又可以怎樣去抱我一抱呢？我身體彎曲得那麼厲害。

我的生命變得如塵土和污物一般沒有價值。我的杖常常戳在地裏，四處撥動，它之於我，已經成了我的朋友。我會懷疑自己是不是在邊走邊挖找柴枝，我想：假若有一天我在地上撿到了一些貴重的東西，可能是別人掉了的一塊錢，那我就可以用它來買一緞漂亮的布料，戴在頭上，會有這個可能嗎？不過，幹活、灰土、手杖，卻是我每天的生活，無日無終，並不見得有出現奇迹的可能。

我不曾與別人交談過一句話，也不曾看過一個人，或觸摸過一個人。我開始懷疑自己是不是一個人了。

不過，我的姊妹啊，我的一生並不是一直都那麼坎坷的，我仍有安息日可守。那一天，我和村裏的人一起上會堂，我聽見他們彼此問安的聲音。甚至有人會偶爾提起我來。那天真是一個特別的日子。「看來，羅馬政府的影響並非無遠弗屆，太陽還是每天升上來，老羅大都仍舊一瘸一拐地走路。」這表示他們知道我仍然活著。我在會堂外面，等眾人都擠進去以後，就拿著手杖往婦女的座排後面走。啊，能在這裏聽到禱辭和別人朗讀經文的聲音，並聽到關於亞伯拉罕和撒拉的事迹，實在是太好了。對我來說，會堂裏面的地面跟在外面的地面是截然不同的，因為人們的禱告全都滲了入會堂裏面的地裏去。當我與其他人一起說「阿們」的時候，在那一刻，我感到自己是會眾裏的一員。

後來，我聽見來了一個新拉比，而且會在那個安息日進到那個會堂講道。我又聽見有人談論他。有些人說這個拉比是一個大能的醫治者；有些人說他教訓人的時候，無人能像他。不過，亦有人說，他是一個危險人物，因為他破壞安息日的規條；另有人說，他是個瘋子，也可能是被鬼附著的。怎也好，我只知道自己很想聽到這個拉比的教訓。

那個安息日，我一拐一拐地向會堂走去，步步塵土飛揚，紅日就在我背上燃燒。我擠在其他村民中間，等在會堂外面，聽見從裏面傳出來的那些零碎的對話聲。「我有個迦百農的表親說，那裏的拉比都惱怒他。」

「我認識一個迦拿婦人，她告訴我一個最是希奇的事，是關於一個婚宴的。」

我從人說話的聲音和那飛揚的塵土可以看出，那天上會堂的人比平常上去的人還要多。

我屏著氣想，如果會堂都坐滿了人，那怎麼辦？等到別人的腳步聲都停下來後，我就聽見聚會開始了。「聽啊！以色列呀，你主你的神乃是獨一的神，你當盡心愛你的主你的神……」

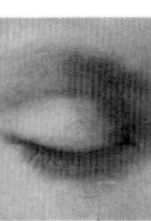

我走到會堂入口處的時候，忽然有人從我身邊大步跨過去，把我推在一旁。我又聽見快要有人走進會堂裏去的聲音，然後又有很多人提著急忙的腳步衝過。我靜靜地聽，在會堂外，除了聽見幾隻蜜蜂的嗡嗡聲，都萬籟俱靜。在會堂內，我聽見有人開始說話，是我以前從未聽見過的。我一點也聽不明白他所說的話，但我卻有個非要聽他的話不可的念頭。我就開始向門口走去。

如果裏面沒有地方怎麼辦？我停下腳步來，但那說話的聲音拉著我進去。我怎麼知道我該從哪方走進去，才可找到一個位置呢？結果，我跌跌衝衝地從入口移步過去。

我向來都會到婦女座排的後排去坐。在那裏，我平常可以見到地板的地方，在這天早晨都只能看見別人外衣的底部。

「請讓一讓……」我說，但沒有人移開一步。那說話的人仍在說話，但他說甚麼我卻是聽不見。「請讓一讓……」我開始被羞怯籠罩著。當這位偉大的夫子講話的時候，我卻只能站在通道上聽。我或者也使別人分了心。我蹣跚前行了幾步，但碰面而來的都是人們的外衣，是很多很多人的外衣。「請讓一讓……」那裏根本沒有位置，也沒有人移開一步。

我一定要離開那裏，我是這樣想，我一定要走到會堂外面去。我感到別人都在瞪著我。我紅了眼睛，淚就湧出來，就扶著手杖轉身向門口走去。此後，我就不會聽見這位夫子的聲音，他的話，和他的教訓了，我怎麼還是要再到這會堂呢？

當我走到會堂的門口，我感到有人把手擱在我的肩上。「你聽，」一個女人低聲說：「他在叫你。」我的心給愕住了。我傾耳細聽，聽到鄉里咕噥：

「那拉比到底要扯到哪裏去了？」

「他到底要叫她做甚麼，才不過是一個老羅大嘛……」

但是，我聽見有把聲音把他們所有的話都蓋過了：「婦人，到這裏來。」

那夫子不會是在叫我吧，他一定是在叫別的人。一位偉大的夫子是不會呼召一個婦人的，即或他會，也不會去叫一個像我這樣身世的人。有個小孩子大聲叫著說：「那個拉比在叫『老蝦乾』啦，哈哈。」

我又聽見另一個女人說：「羅大，他在叫你。去吧，看他想你做甚麼事。」自從再沒有人跟我說一句話的時候開始至今，究竟這中間過了多少日子呢？

我的心在我耳中呼呼地跳，仍然紅著臉。於是，我轉身，開始往會堂前面走去。

我感到所有鄉里怒視我的目光都在我裏面燃燒著，

但有個聲音鼓勵我向前行。「她說的不錯，我是不會傷害你的，到我這裏來吧。」

我到了會堂前面，可以看見那些管會堂的人坐在高位上的時候，他們穿著的華麗長袍的底部。但同時，我也看見有個穿著破舊袍子，滿腳塵沙的人。我凝望著那雙腳，僵直地站著。

他說話的聲音倏地改變了，而且語氣相當嚴肅：「婦人，你脫離這病了。」

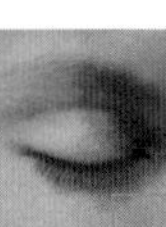

接著，我感到他那雙又大又溫暖的手按在我的背上。自從再沒有人觸摸我的時候開始至今，究竟這中間已經過了多少日子呢？那雙手給我很實在的感覺，而且有人情味……

我感到一陣溫暖從那雙手開始暖透我全身。我知道我一定要看一看他。我掉下手杖，慢慢地直起腰來，漸漸地，我看見他的袍子，然後直接看見他的臉。他雙眼探視我的眼睛。他是第一個用雙手觸摸我，又是第一個用愛心望著我雙眼的人——他就是耶穌。

「感謝主。」我說這話的時候，仍目不轉睛地望著他，心中喜樂滿溢。

「神是當得稱頌的。」我說。我不知道我何以能脫口說出這句話來。那時，我轉身面向會眾……他們之於我，固然是很陌生……我已經很久沒有見過他們了。

「神是當得稱頌的。」我對他們說。「你們看，我已經可以直起腰來了。因為這個人的緣故，我現在可以站在神面前了。」我轉身望著耶穌，他咧嘴而笑。他說：「是的，神是當得稱頌的。」

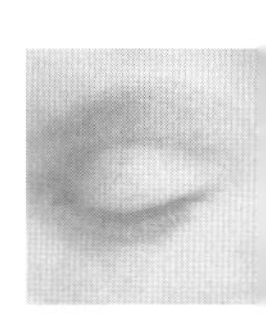

我又轉身向著那些管會堂的人，想把他們在我多年以前最後一次見過的臉辨認出來，我心裏急著要告訴他們我的喜樂。但是，他們的臉色，既混亂、震驚，又怒氣沖沖。

「神是當得稱頌的。」我對他們說。

他們互相對望，管會堂的人就站起來，對我說：「婦人，不要作聲。」又說：「女人不當在會堂裏說話，這是你應該知道的。」

他示意會眾安靜下來，用冷漠的聲音說：「有六日應當作工；那六日之內可以來求醫，在安息日卻不可。」

他這麼一說，我的心就被捲進肅靜裏去。我在心裏想，這位新來的拉比不可能是做錯了事吧，我已經得醫治了。我的臉燙起來。

耶穌深深吸了一口氣。「假冒為善的人哪！」他義憤填膺地說：「難道你們各人在安息日不會解開槽裏的牛驢，牽牠們去飲點水嗎？」他就轉身向著我，一隻手按在我的肩上，繼續說：「況且這女人本是亞伯拉罕的女兒，被撒但捆綁了這十八年，不當在安息日解開她的綁嗎？」

那一刻好像呆著。亞伯拉罕的女兒……應許之子。亞伯拉罕的女兒……

管會堂的人用憎恨的目光怒視著我們，但村裏的人已經與我的呼聲和應起來，他們大聲說：「讚美神！」「神已經臨到他的子民了。」我既已直起腰來，就與他們一起讚美神。

羅大靜靜地坐著，有幾分鐘時間。她跟其他人一樣，都想好好把自己的經歷講得清楚明白，但是，夫子已經死了。她又繼續說：

耶穌稱我為亞伯拉罕的女兒，我實在歡喜聽見那個聲音。[2]我走出會堂的時候，反復對自己說這句話。亞伯拉罕的女兒。亞伯拉罕的女兒。正當我在會堂外面，我聽見其中兩個管會堂的人在說話：「你有沒有聽見他是怎樣叫她……亞伯拉罕的女兒？從來沒有人會這樣說，這對亞伯拉罕簡直是一種侮辱。」

「對，因為所有女人都是夏娃的女兒。」另一個管會堂的人回話。

我儘量不去聽他們的。因為我最關心的是，我是亞伯拉罕的女兒，耶穌是這樣說的。

但是，當我開始跟隨耶穌，我明白到要成為亞伯拉罕的女兒的意思是：耶穌所賜給人的新生命，並不單是賜給我的。他所傳的信息也是給那些被關在門外的人的。我以前為甚麼會不明白，有很多人，他們好像那個管會堂的人一樣，並不會輕易接受耶穌所傳的道呢？

那些婦女被羅大的故事所感動。她們安靜地坐著，每個人都迷失在自己的思緒中，直到耶穌的母親用她的飲泣聲打破沉默。

現在，馬利亞的兒子已經死了。在這個圈子裏的婦女對馬利亞的喪子之痛亦感同身受。

如果我們不去了解馬利亞如何因孩提時的耶穌、年幼時的耶穌，並成長後的耶穌而感到困擾，我們是很難

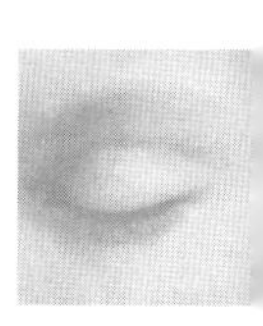

與馬利亞的目光相接的。

在她的回憶中，有他在黑暗中摸索的一雙小手、他那柔軟的頭髮，和她奶他的時候，她自己的奶香。

米利暗輕撫馬利亞的手，馬利亞搖頭嘆息。

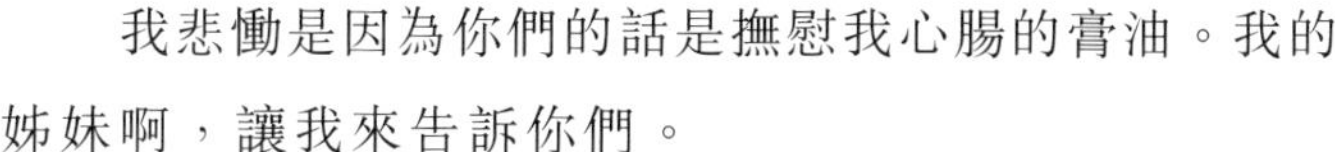

我悲慟是因為你們的話是撫慰我心腸的膏油。我的姊妹啊，讓我來告訴你們。

打從我有記憶以來，我已經知道神就是愛。每當在會堂的講經開始，呼喚著我們要盡心去愛神的時候，我裏面的整個人就會雀躍起來，會說：阿們。我每過的一天，神都與我同在，神是愛，神是良善的。

你若問我，我是在甚麼時候開始知道的？早在他在我腹中開始跳動之前，我就知道他是與眾不同的。

我是在甚麼時候知道事情會發展到這個地步的？唉，從他還是個小嬰孩的時候開始，我就察覺到事情會這樣發生。

我是在甚麼時候知道，我終有一天都要寬懷一點？這一直以來實在是一種無休止的折磨，叫我感到很累。

其實，打從神第一次臨到我的時候開始，我就早該作好心理準備……[3]

當時，我還年青，年紀只有十五歲，而且已經許配了約瑟。那天，我仍待在娘家，還未出嫁。我在捏粉製餅的時候，我聽見，或者說是感覺到，有人，或者是有東西在我的身後。我迅速往四周一看，見到神的使者要對我說話，告訴我我是蒙大恩的女子，而且神將會臨到我。

雖然我知道神的存在，知道他是滿有慈愛的神，但是，我的姊妹啊，我仍然感到震驚和害怕。為甚麼神會這樣臨到我的呢？那使者安慰我，並提起我要懷孕生子，要給他起名叫耶穌，而且他要成為以色列的一位偉大的夫子。我問使者怎會有這事發生呢？當時我還沒有出嫁。後來，我好像可以更清楚看見那使者的容貌，而且有聲音說：「聖靈要臨到你身上，至高者的能力要蔭庇你；因此所要生的必成為聖潔，必稱為神的兒子。」

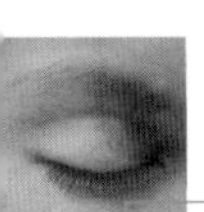

這一切的話，把我拉離了現實的空間。在我前面，正有一個最殘酷的選擇迫近來。我可以搖頭拒絕，那天使般的使者就會消失，而我的生活仍會繼續下去。我會把餅做好，在午後的陽光下，和約瑟在村裏的空地相見。無需任何人知道……我亦會生兒育女，和約瑟一起在拿撒勒過著平靜的生活。當日子慢慢走過去，我就會偶然記起神的使者那次的臨到，並會想，也許有甚麼事情已經會發生了。過了若干年後，我就會相信，自己所經歷的一切不過是夢境一場。

又或者……或者……我可以選擇說「我願聽從」。但不知怎的，這個答應裏頭所包含著的極大的恩惠與痛苦，都在剎那間清楚擺明在我面前。我知道自己將要面臨可怕的痛苦。

但我也知道神就是愛。

「我在這裏，」我說：「是主的使女，情願懷這小孩。」

馬利亞忽然住了口，從那段記憶中得力。在這些年間，她曾經有多少次停下來，要追憶神給她的這個呼召呢？

我知道他是與眾不同的。

生孩子實在是個叫人受不了的經驗，生產的痛楚太劇烈了，痛得連喊也喊不出來。嬰孩的出生，可算是悲喜交集；號哭聲夾雜著一身髒亂，小生命就這樣誕生了。我的姊妹啊！你們當中有很多人都知道，當嬰孩出生以後，那種感覺是怎樣的。它就彷如在世界上只剩下你和小寶寶兩個人一樣。當我看著他那細小的頭都被頭髮黏著，再探視他那深藏在眼窩裏的一雙眼睛，我甚麼都看不見了，那刻的世界就只有耶穌和我兩個人。我不會想知道他到底是誰，也不會去想，他為甚麼要來到世上。他放聲大哭，吃奶的時候就好像一個餓壞了的孩子一樣。我愛他，更甚於任何一個母親愛她頭生的孩子。

誰知道我們究竟過了多少日子呢？約瑟接待那些得知耶穌誕生的訪客和農家來到……[4] 他們鬧哄哄的圍著我們，在他們臉上，又是敬畏又是興奮。

「你看！這是我第一次見到一個王呀！」

「我敢打賭，他是當今世上最細小的王。」

「我們看見一大隊天軍，他們發出何等的頌讚聲音啊！叫我驚怕得連鞋子也要飛脫開去哩！那景象……多光明，多美麗啊！」

後來，行潔淨之禮的時候到了。[5] 我記得我一邊準備行裝上聖殿，一邊為此行笑了出來。按照摩西的律法，我在生孩子之後，是必須行潔淨之禮的，然後才可以觸摸聖物。然而，我在當時卻一直在懷抱著吃我奶的至聖者。

他真是一個很可愛的小寶寶。能懷著自己初生的兒子朝著聖殿進發，我作為他的母親，實在感到很驕傲。

我抱著耶穌從南門進聖殿去，看見一個古稀老人匆匆忙忙的從東門走進去，邊走邊找的，不知他要找些甚麼。後來，他向我微笑，向我們這邊走過來。他伸出雙手，把耶穌從我手中抱過去，就向神禱告，說他已經可安然離世了，因為他已親眼看見主所差來的拯救者。他把耶穌交給我，動作緩慢，然後很莊嚴地為我們祝福。他又望著我，痛惜地搖頭。他後來對我所說的話叫我一直沒有忘記：「這孩子被立，是要叫以色列中許多人跌倒後再次興起……你自己的心也要被刀刺透。」[6]

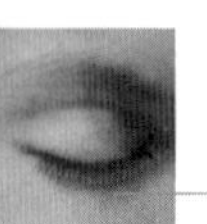

曾經有很多次，每當我想到這些事的發生正應驗西面所說的話的時候，我的心就為這個與眾不同的孩子所受的痛苦悲痛起來。但是，昨天，當他們把他釘上十字架……

馬利亞閉上眼睛，一刻間，那塊在她手中的小骨肉，與那在十字架上血淋淋的軀體摻在一起。她深深地吸了一口氣，又再說：

其實，還有很多事情的發生都提醒我，我這頭生的孩子乃是聖嬰。正當老西面轉身離開的時候，有一位叫亞拿的女人進來找我，她年紀已經非常老邁，是個人所共知的聖者。她也知道耶穌是誰，而且她一開口就稱謝神。[7]

其他與我們的信仰不同的人都來朝拜他。[8]所以，你們知道，我一次又一次地被提醒，他乃是與眾不同的，而且他並不是屬於我的。有時候，我發現自己在抱著他的時候，很迫切地期望他與一般小孩無異，都是個平常人，是個我可以愛他、視他猶如己出的孩子一樣。

我把自己的疑問和感到驚疑的事都一一藏在心裏。有時候，我在夜裏躺下的時候，就會反復思想這些事。

耶穌在孩提時候的成長，與其他小孩並沒有兩樣。有時候，當他去溪水玩耍，帶著一身泥污回家的時候，我會差點兒忘記他是誰。

耶穌是個夢似的小孩。我們作母親的，當我們給孩子吃奶的時候，都會夢想一下孩子的將來。我們見到他們對我們的信任，他們是那麼的率真，而且，我們也看見，當他們看見春花綻放、夕陽西下的時候，他們那份喜悅之情。於是，我們想，這孩子長大以後大概不會離開正路，走入迷途。

然而，對於我們來說，除了那些夭折的嬰孩之外，我們都失去我們的所有孩子。孩子開始選擇走那死亡之路：因為為人母親的聽見女兒第一次説謊；或者聽見她説了些傷害別人、嘲笑別人的話。又或者，作母親的看見兒子一面抱著害怕的心情觀看別人拍打蒼蠅或老鼠，卻一面又為看見別人的虐生行為而感到歡喜若狂。亦有母親看見兒子對刀劍的著迷。打從我們的父母親相繼死亡，葬在園子裏的時候開始，我們去探視孩子的眼睛，發覺那雙眼睛已經被死亡的陰影籠罩著。

作母親的明白她夢中的孩子，那個她曾經用濃濃的厚愛去愛過的孩子，今日已經一下子消失了，而且是永遠無法尋回。然後，她就會驚怕説：「假使我兒子不是從此失去影蹤的話，他今日會是個怎樣的人呢？」「如果我女兒的命不是那麼苦的話，她可會過著怎樣的生活呢？」

耶穌從來不會那樣。他所受到的痛苦與不幸從不會使他離開愛途而只看自己，滑落到更深的專注自我境地。那是個奇迹。但是，這令我感到害怕，因為世界從來恨惡真正美善的事。[9]

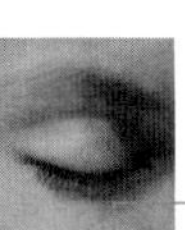

昨天，我想起在耶穌年紀還小的時候，我們舉家要向南逃奔的時候所過的每一天。我因為害怕我們被希律發現，就一直竭盡所能去使小耶穌不會哭出聲來。[10] 其他母親的孩子都被殺了……我想，這或者對他們來說倒還容易接受，因為她們失去她們的兒子的時候，已經是三十多年前的事了。但我如今才知道失去兒子的滋味，那些母親除了看見兒子死在刀下之外，就從來不需要捨棄自己的兒子。我每逢想起他，就想到他是我的孩子，但惟獨我才真正明白他這個異人是誰，而且這個可怕的祕密，就只有耶穌和我兩個人知道。

眾婦女都靜靜地坐著。她們聽了耶穌母親的說話之後，可會有甚麼話說呢？

註釋：

1 參路加福音十三章10至17節。

2 Mary Evans 在她的著作 *Woman in the Bible* (Downers Grove, Ill.: InterVarsity Press, 1983) 指出，在當時來說，「亞伯拉罕的兒子」是一個普通用語，但「亞伯拉罕的女兒」在猶太文獻中是未曾出現過的（頁46）。

3 參路加福音一章 26 至 38 節。
4 參路加福音二章 1 至 20 節。
5 參利未記十二章及路加福音二章 22 至 24 節。
6 參路加福音二章 25 至 35 節。
7 參路加福音二章 36 至 38 節。
8 參馬太福音二章 1 至 5 節。
9 參路加福音二章 3 至 40 節。
10 參馬太福音二章 16 至 18 節。

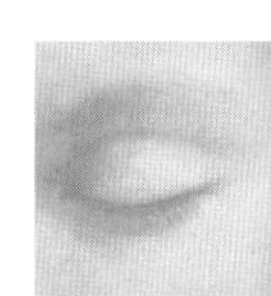

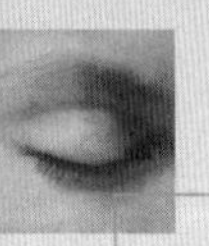

個人思考問題

1 請讀路加福音十三章10至17節。然後在《她們的改變——與跟隨耶穌的婦女相遇》裏，看由羅大自己講述的故事部分。當你看她的故事時(可以靜靜地看，也可以大聲讀它出來)，試想像你自己正身處故事發生的當日，並想像一下當時的情景是怎樣的，包括羅大可能見到的東西、可能聽見的聲音、可能嗅到的氣味，以及她可能觸摸到的東西。你可以試試彎著腰走一段路，或者可以幫你感受一下當時的情況。彎腰走路的時候，你能夠看見甚麼，或看不見甚麼呢？有人走近你身邊的時候，你有何感覺？從頭到尾慢慢讀完這個羅大與耶穌相遇的故事。

a. 人被扭曲的方式可以有很多種。你的生命曾經如何被扭曲，或曾經發育不良，或有缺陷？當耶穌呼召你近前來，讓他觸摸你，使你得到他的醫治的時候，你會求他醫治你甚麼，他會做甚麼？

b. 羅大在她的社會裏面一直被排斥。當她得到醫治之後，她勇敢地轉身面對那些曾經排斥她的人，並且說了一些她需要說出來的話。你認識了耶穌基督後，有些話可能是需要由你對身邊的人說的，你能否想起一些來呢？

c. 耶穌義憤填膺地站出來為羅大說話的時候，他稱她為亞伯拉罕的女兒。不少學者也同意，在耶穌稱呼羅大為亞伯拉罕的女兒之前，從來沒有人用這個稱號來稱呼一位女性。在此之前，男人是「亞伯拉罕的兒子」；女人是「夏娃的女兒」。你認為耶穌為甚麼要稱呼羅大為亞伯拉罕的女兒？耶穌這樣做與你何干？

d. 花一點時間思想一下，假如耶穌要給你起一個新名字，並希望你會人如其名，你想，這個名字會是甚麼呢？

2. 花一點時間看幾處有關耶穌的母親馬利亞的經文（路一26～38，二1～40）。有時候，我們忘記了馬利亞事實上是有選擇的，而她卻不怕冒險，選擇向神說「是」。我們也忘記了，要她把寶貝兒子交出來有多難受。

你曾否一度要作出一個選擇，而你覺得自己的情況與馬利亞的差不多？你有否感到，若你選擇接受，你可以看到自己將要冒險，並會得著極大的喜樂和痛苦。但是，從另一方面看，你若選擇不接受，那不過是一個很容易下的決定，而且你這樣選擇也是很正常的。今日，神是否也向你提出一個類似的選擇？一個要求你冒險、付上信心的代價的機會？或者可以這樣說，你現在好像馬利亞一樣要在腹中懷胎，那麼，你現在要懷的胎是甚麼？

小組討論問題

1 大聲朗讀出福音書裏提到羅大的經文(路十三10～17)。可能有人會告訴你，她的故事是一個很美的故事，但是，當你向別人談及這個故事的意義時，你會說些甚麼呢？

2. 如果組員在個人思考問題1a或1b有重要的回應，請他們逐一分享。

3. 請每位組員説一個新名字，一個他們可能會給自己起的名字(個人思考問題1d)，並解釋為甚麼這個名字對他們來説是別具意義的。

4. 當你們一同思想耶穌的母親馬利亞這個聞名的決定的時候，討論一下你們過往對她這個決定的想法？除了「是的，先生，照你的意思辦好了。」這個答覆之外，馬利亞的回答，對我們這些作為女性的人來説，可有某些方面給我們成為榜樣呢？大家討論一下，她的回答對你個人來説，以及對普遍教會的女性來説，可以給我們甚麼榜樣。

5. 結束的時候，分享你在個人思考問題第2題的答案，然後彼此為各人正準備接受的新挑戰代禱。

第三章

抹大拉的馬利亞

抹大拉的馬利亞安靜地坐著，但她的安靜只是一種在外表上的安靜。有時，她被驚慌突襲，呼吸就會變得急速起來。一顆淚珠從她臉上滾落，她全身打了個冷顫，好像她會霍地拔足狂奔似的。她隨時都有可能會使勁地站起來，衝向茫然的無意識狀態裏。但她卻是一動不動地坐著，彷如一塊石頭。偶爾，她也會把手緊扣著與她並坐的老婦。

抹大拉的馬利亞望著自己的膝上，像是在靜聽著兩把聲音：一把是屬其他婦女的溫婉聲音；另一把是慘烈的驚叫聲，從她裏面傳出回音來。當她聽見婦女們的聲音，她的血就溫暖起來；當她的思想被拉回去墳墓那裏的時候，她的血就冰冷起來。她想到在墓裏，他的寂靜；血開始凝結成塊。

雖然，路加福音只告訴我們，自從抹大拉的馬利亞身上的七個鬼被趕出來以後，她就跟隨了耶穌，[1] 但是，在歷世歷代以來，抹大拉的馬利亞最惹人注目的，還是她是一個放蕩的女人和妓女的傳說。

抹大拉的馬利亞絕非一個妓女。她乃是被禁錮在她當日的文化背景裏面的一個年青女子，她要不斷去掙脫那些加諸在女性身上的枷鎖。但是，惟有神知道在這麼多個世紀以來，究竟有多少個女人像抹大拉的馬利亞一樣是這樣被迫瘋了。抹大拉的馬利亞之妓女稱號一直被男人加以大肆宣傳，原因是這些男人相信，任何一個能夠成功在基督身邊佔一位置的女人，她甚麼事都會願意做。[2]

不，此話差矣。抹大拉的馬利亞不過是因為生在一個只有男孩子才可以接受教育，而不容許向女孩子講授妥拉的年代，[3]而她又是一個天資聰敏，才華洋溢，洞察力強的女子，這才是她的不幸。當抹大拉的馬利亞漸漸成長，她注意到一些其他人沒有留意到的細微變化。她無論在任何場合，那種由愛、恨、與恐懼互為關係的情意結都好像會訓斥她。見過幾許世事多變的她，感到自己活像一個冷眼旁觀的局外人，與世格格不入。當她家裏其他女人，就是她的阿姨、嬸嬸、姐妹和僕人，為眼前的東西容易感到滿足快樂的時候，她卻覺得似是有一股難以忍受，由忿怒與痛苦的事實形成的逆流，拖引著她到更深的水域去。

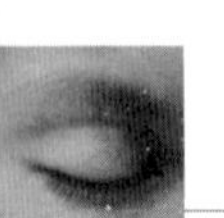

抹大拉的馬利亞無法言説自己的疑惑與恐懼，她懷疑自己是否發瘋了，她因為不能夠適應而蒙受羞辱，然而，她竟然熬過了無數這樣的年頭，一直都活在這種光景中，真是難以置信。

抹大拉的馬利亞是脆弱的。她必然是曾經遭受過甚麼憾事，致令她開始出現這種激烈的自殺行為，變得自暴自棄。也許那是性罪惡的問題，但是，性罪惡只會令她視自己如同廢物，它簡直是一扇引去使人犯上更大的

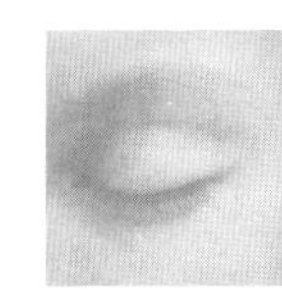

罪的門。別人扯謊説，她只有表面的價值，就表現在她的美貌與性能力上。她把謊言信以為真。結果，她迷失了自己，滑倒了。

抹大拉的馬利亞挺直腰來。她的內心世界發出刺耳的聲音，她好不容易才有足夠的氣力勉強從那裏走出來，並開口説話。她環視四周，開始説：

我欠他的……是我自己和我的所有。我無法相信他已經死了。但是……

我的姊妹啊，我很難去告訴你們……昨天在髑髏地那份傷痛和驚恐……對比我以前在遇見他之前所過的日子，或者年日，它並沒有那般陰森可怖。我今天早上起牀的時候……在昨天也這樣有好幾次，我在最深痛的絕望中，感到一絲舊日的惶恐。不過，縱使我們在黑暗的日子，我們知道光是存在的。

抹大拉的馬利亞已經打破了沉默。她發覺自己既然提到光，她可以把自己的經歷講出來。

當我回想自己在遇見他之前的生命的時候，我瞥見的是另一個世界。我的童年生活並不平靜快樂，我母親在我很小的時候就死了。無論我到哪裏，與誰在一起，我都可以看見黑暗潛伏在我裏面。我肉身的姊妹似乎從不會為任何事掙扎。我也看著她們一個接一個的結婚，而且父親會很驕傲地為她們祝福。反之，我常常為一些預告現實是殘酷的徵兆而感到困擾，這些殘酷的現實便會掩蓋那些外在的歡欣笑臉。我親眼看見，我守寡的阿姨無緣無故地嫉妒起來，我姊姊在生產時經歷了極度的痛苦，她死的時候，我姐夫極受創傷。這些殘酷的現實都掩蓋了我所目睹的每個從表面上看是歡樂的場面。

我的父親很慨嘆，說我有個「男孩的腦瓜」，而且是超過一個女孩子所應該需要有的。每當有人向我求婚，我有充分理由相信，他是想與我的父家套交情，想我為他生孩子，我知道，他是用熱切期望的目光望著我的身體。但是，我從不被看重的事實傷害了我，使我感到很痛苦。

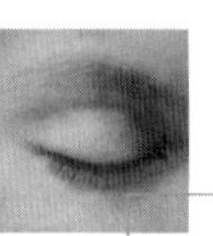

一天晚上的經歷，成了我人生的一個轉捩點，雖然我在那個時候還未能夠看出來。那天，我一直和我姊姊在一起，她快要生下頭一胎孩子。黃昏的時候，我準備回去，我抄了一條很近市集的路回家。起初，我想沒有人會經過那條路，不料那裏聚集了一些人，我先前曾遠遠見過他們。那班人正為稅吏慷慨的餽贈要盡情享樂一番。他們大聲笑、又高呼，叫我去他們那裏乾一杯酒，慶祝一番。我知道我應該繼續往前走，但我停下了腳步。「你們在狂歡甚麼？」我問他們，當時我沒有轉身。「滿月！」他們大聲叫。「停下來看看吧！」使我停下來的是他們的笑聲，還有我一時心血來潮，要為這月色之美而狂歡的念頭。我想，大概爸爸已經約了個來求婚的老頭子，在家裏等著我回去，老頭子還在喘著氣等我。我對自己說，我應該為自己找點小樂趣，只是那麼一陣子。那天晚上是我第一次的放任，而歷來亦只有那麼一次而已。

我回到家裏的時候，父親暴跳如雷。這樣重要的一個人一直在等我，最後卻是不高興地離開，他的臉會有多難看？我知道我不可以告訴他。但他怎麼會沒有聽過，在大瑪努他（Magdala）這個小城所發生的事情呢？[4] 他沒有聽過我狐疑的一生嗎？我想，我的一生叫人不可思議。我跟我的朋友見面，因為我想起他們來，特別是司提反，他是一個猶太女人和一個希臘教師的私生子。我在家的時候，過著有體統的猶太處女的生活。我父親鼓勵我去與一些求婚對象見面，他們都是一些鰥夫，希望與有地位的人士套交情。每當我看見這些來求婚的人的時候，我就想起司提反那雙結實的肩膊，和他渴望吻我，溫柔地愛撫我的景象，我就用嘲笑的態度望著這些人。

之後，就是噩夢的開始。我裏面的一切自我都好像幾乎是糾結在一起似的。我夢見自己與一個來求婚的老頭子在家裏，我開始撫摸他，並解開自己的頭髮。他登時面露懼色，大聲驚呼，對我父親說：「淫婦呀，她是個淫婦……」；不然，我就夢見自己與在市集認識的朋友見面。司提反告訴他們，他已經沒有甚麼東西可以給我，我因而漸漸降低他的生殖能力，因為我是一個女巫。這些夢一直出現，並與現實生活糾結在一起，到最後，我已無法把兩者分開來。

有一個痛苦的早上，我一夜噩夢連連，到了清晨，就迷迷糊糊地醒來，我一路遊蕩，精神恍惚，出了大瑪努他城，走到加利利海邊……之後的記憶就開始很模糊，我甚麼也記不起來，只記得很恐怖……很痛苦……

抹大拉的馬利亞的話突然斷了。其他婦女是不會叫她再陷入黑暗的經歷裏，因為有關她的傳言她們已經早有聽聞。不過，在這個安息日，她在這個房子所得到的奇妙感覺，說不定會比其他人的感受來得更深。她們彼此的分享——就是那些恐怖的經歷和得醫治的故事，都是故事的一部分，這是抹大拉的馬利亞希望她們明白的。她四下張望那個房間，午後的陽光正映照在她們各人的臉上。

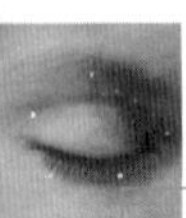

那些驚駭與幽暗的日子……

你們要知道，即或他已經死了，與罪惡的黑暗世界相比，現在這個世界是光明的。

我就連把它形容出來，也不知如何開始。

眾婦女望著抹大拉的馬利亞，見她閉起雙眼搖頭。在她的唇上，冒出一顆顆汗珠，她正想起一些她曾極力想把它忘記的事情。

那受盡痛苦的人……是不是我？

她把從來沒有告訴別人的事情告訴她們。她說話的時候，露出一副茫然的眼神。

黑暗……黑暗……黑暗。驚恐、顫抖，冷冷的緊緊抓住她的肚腹，叫她嘔心，而且無時無刻都那麼叫人嘔心，就好像本來是有益健康的食物也受不了她那像處於地府似的肚腹。驚恐、顫抖，扯著她的頭髮，把她污穢的皮肉和討厭的組織割開，把她受咒詛的私處猛擰，叫她作嘔想吐。天旋地轉、吐出來的漆黑。恨惡她。恨惡她，害怕她。逃脫她、狂奔出來、遠離她，但從未離開她。在夜間的一片漆黑和白日的一片漆黑中，把她鎖住，連起來了。她被冰凍的黑暗鎖鏈鎖著、緊緊連著。快被猛地擰出來了，跌下去、跌下去、跌下去。扭一把，從她身上猛擰出來。在炎熱的市集裏，有她那股腐屍般的氣味。當她抓開自己的皮肉的時候，她的血散發著死亡的味道，蒼蠅和蛆蠕動著，在她的眼睛和鼻子覓食，老鼠在她的陰道橫衝直撞地進出。儘管每次都扭過了、嘔心過了、把她的皮肉撕開過了，她知道，這黑暗猶存不變。永無休止的嘔吐、腐屍、黑暗扭曲、嚎哭，永無休止……

後來，那把聲音出現了。

太遲了。她已經逝去了、逝去了、逝去了……成了在地平線上的一個小黑點……沒有人能夠找到她，把她搶回來。她與腐屍鎖在一起……在黑暗中給拉下去，下去、下去……虛幻與死亡……

是那把聲音。馬利亞。有一線光影，和野玫瑰的香氣，還有一隻溫暖的手的觸碰。馬利亞。

那些狂野的慘叫聲，愈加大聲嚎叫起來，一陣驚呼。「放過我們吧……不要殺我們……」一場狂怒的爭戰開始了，拉扯、猛擊、扔擲、把她猛擰。

「不要作聲，從她身上出來。」從肢體那裏分割、一一切除，器官也給突然扯出來，有尖叫聲和嗚咽的聲音。

接著，寂靜無聲，死寂浮在虛幻之上。感到了溫暖、顫抖，傷口開始癒合、緊緊縫合。陽光把冰冷的四周溶化了。

在數分鐘至幾小時後，我張開了眼睛。我見到愛。一雙深褐色的眼睛凝視著我的眼睛，我為他所認識，被他所愛。馬利亞，一個被認識、被愛的人。他叫我的名字，馬利亞。

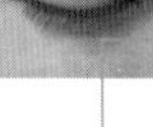

馬利亞環顧她的姊妹們，當她重新恢復意識的時候，她的驚恐就緩和下來了。

他還說了些甚麼？他輕輕替我把頭髮從口中拂出來，又摸摸我的額頭。他有沒有對我說「跟隨我」？我後來曾聽見他對別人說過這話。

說不定他知道他根本沒有必要對我說這句話。我也知道，無論他到哪裏去，我都一定會跟隨他，甚至去到死地。

他撫順我的頭髮，然後跟一個站在旁邊的婦人說話。那婦人就是你，蘇撒拿。我躺在地上，四肢伸開，你過來一手繞過我的肩膀，望著我，用……啊，現在我知道你是用同情的目光望著我。你當時對我說的話，我已經記不起來了……

坐在抹大拉的馬利亞旁邊的老婦人握著她的手，她彷如她的生命線。這婦人就是蘇撒拿。按路加的記載，她是跟隨耶穌的門徒中的其中一個婦女。抹大拉的馬利

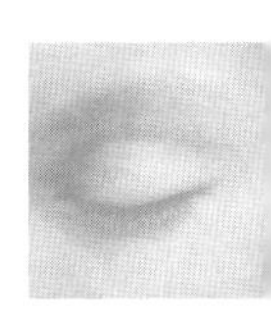

亞講述她的經歷的時候，蘇撒拿都一直在留心聽，她專注的目光就好像一個母親看著她的孩子在台上表演一樣，嘴裏跟著唸出每一句台辭，隨著孩子在台上的每一個動作而點頭。

抹大拉的馬利亞說畢，年老的蘇撒拿的臉一皺，淚盈滿眶。她愛抹大拉的馬利亞。她一直在默默地聽，但她早已渴望能和抹大拉的馬利亞一起把這段經歷述說出來，述說那些與她有關連的部分，因為她的經歷與抹大拉的馬利亞的經歷是交織在一起的。所以，她們兩個人的故事加起來，就成為抹大拉的馬利亞在得著新生之後，首幾天的記述。她們你一句，我一句的說著，好像一對戀人似的。

「我叫你跟我來，我們會幫你清潔乾淨，然後穿上新衣服，開始你的新生。我說，我會給你吃點東西。你聽了我的話突然哭起來。」

「是的。我當時很害怕……怕自己以後不能再見他，又怕那份愛會離開我……你後來告訴我，他名叫耶穌……你又說，他是永遠都不會離開我們的……」

這些話觸動了那些婦女。永遠不會離開我們……

蘇撒拿打斷了沉默。雖然她是對馬大和瑪利亞說話，但她的目光卻對著抹大拉的馬利亞。

馬大，你和瑪利亞是無法想像馬利亞當時是怎樣的。她好像一個初生的嬰孩，髒兮兮的，但完全是單純的。

親愛的，當我們準備好為你洗澡的時候，我試著跟你說話，問你先前聽過關於他的甚麼事，但以你當時的狀況來看，你是不可能聽到甚麼的。我告訴你，他是從拿撒勒來的，他母親的名字跟你的是一樣的，他曾經做過幾年木匠……你看著我，好像我是在說希臘話似的。

「你說要把我的衣服燒掉。你給我洗澡的時候，開始跟我談起施洗約翰[5]的事來，他的事聽起來很嚇人。」

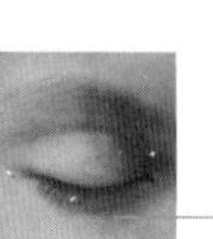

這是因為我想分散你的注意力，叫你不再想起自己以前的光景，我就開始跟你聊起別的事來。正當我設法想幫你梳理頭髮的時候，我想起約翰所披的羊皮來。於是，我嘗試形容他給你聽。我說，他這個人有幾分野性，我以為談這些會叫你的感覺好些，我告訴你，他如何向人咆哮，告訴那些人，他們不但不配，而且還未準備好去接受彌賽亞。他說，他們彼此不可貪婪，無情義，並要為自己所行的惡事悔改。

我告訴你關於施洗約翰的事，以及人需要除去污穢，有個清潔的開始，就好像我們幫助你開展新生一樣……所以，從前有好些人以為約翰就是彌賽亞。他們還去問他，他是不是彌賽亞，但他說，他就是給彌賽亞解鞋帶也是不配。我說這些話的時候，正要把你的頭髮大把大把地切掉，你的頭髮肯定已經很久沒有梳理過了。

正當抹大拉的馬利亞留心聽蘇撒拿說話的時候，太陽已經開始西落，它的餘光斜照在年老的蘇撒拿的臉上。抹大拉的馬利亞說：

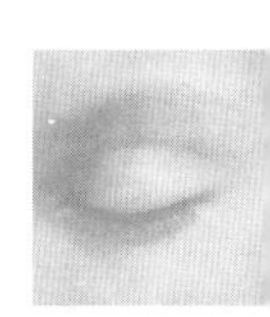

約翰說，彌賽亞要用聖靈與火，而不是用水給我們施洗的這句話，在我腦海中縈繞。你所提及的這位粗獷的彌賽亞，是全能、聖潔、公義的。你剪掉我的頭髮的時候，我感到顫抖……

「你得承認，你的頭髮確是需要修剪一下，剪了以後，你好看多啦。後來，我們拿了一些乾淨的衣服給你穿。我告訴你，那位彌賽亞就是耶穌。」

你告訴我不用害怕。從你在頭一天聽見彌賽亞這個名字開始，它對你來說，就只有愈來愈親切，而它之於我也已經是一個很寶貝的名字，雖然我也只是在不到兩個小時前才認識耶穌。我從前很害怕彌賽亞。因為我想，他好像神一樣，是一個老者，在審判人的時候叫人感到畏懼，而且會不斷向人作出要求。我想，基督是會恨惡我，毀滅我的。

接著，你扶我站起來，然後說：「你已經像一個新生嬰孩一樣，潔淨如新，預備開展新的生命……」就如你所說，我感到自己已經是一個新造的人。

後來，我睡著了。就我的記憶中，那次是我睡得最沉最酣的一次。過了幾個小時以後，我開始迷迷糊糊地醒來，心中甚是懼怕。我感覺那份平安、自由、在我靈裏的光，都是不可能成真的美夢，而且不知怎的消失了，在不知不覺間陷入我的噩夢世界裏。我不禁尖叫起來。

「我告訴你，耶穌和他的一些跟隨者出去了，他們去幫助其他人，而且很快就會回來。所以，我們當下的工夫就是要使你的身體康復過來，健壯起來，你要多吃點食物，並有充分的休息。」

蘇撒拿，我觀看你捏揉麵團。你說，耶穌可能明天就會回來，到時，我們可以烤些餅給他和隨行的人吃。

你教我把小麥磨成粉，我以前常常以為這是僕人的工作。你開始把他曾經講過的一些比喻說給我聽。我特別記得有一個關於婦人做餅的比喻。耶穌說，神的國好像麵酵，有婦人拿來放在麵團裏，麵酵在麵團裏發大，直到麵團都膨脹起來。你又告訴我耶穌講過的另一個故事，他說，神的道好比一個婦人失落一塊錢，她就仔細地找，找著了，就請朋友來為她一同歡喜。神的道又好比人發現了寶藏，或是無價的珍珠，他就變賣自己一切所有的，去得寶藏和珍珠。[6]

抹大拉的馬利亞咧嘴而笑，這是她第一次在這個婦女的圈子裏綻放出來的微笑。這耶穌之所以叫人感到奇異，莫非就是因為他曾說過這樣的故事，而這些故事也包括這些婦女的生命，而且是從來沒有一個拉比曾像他這樣做？還是這不過是她們早年跟隨這位夫子的時候的一些回憶而已？她愈加直起腰來繼續說。

我最初開始跟隨耶穌的幾個星期，好像成為我的記憶的最開始部分。那部分的記憶有點模糊，但斷斷續續的集結了很多片段，歷歷在目，有很大部分是我不明白的。我很想能夠接近他，所以，無論耶穌去哪裏教訓人、幫助人，我都跟著他去。他愛那些滿身汗臭，蜂擁著他的人羣，他們有些一頭亂髮、有些身上的爛瘡滲著膿、

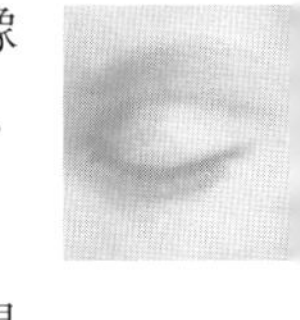

有些則衣服殘破。他一個一個的去見他們，對他們好像自己一個久別重逢的朋友那般，而我就會一直看著他。他用他那寬大的木匠之手觸摸他們。

還有他的話。他告訴我們，這個世界與我們所想像的世界完全是兩個世界。他說，貧窮的、飢餓的、以及那些努力尋求的人才是真正有福的人，因為神是站在他們那一方的。所以，作為他的同伴，就算有權勢的人要攔阻我們進到神面前，也沒有相干，因為若是這樣，我們就好像昔日的聖先知一樣。他說，有權勢的人從前已經在人面前得了好處。他教導我們一種新的生活方式，就是當我們學習去愛別人的時候，甚至要愛那些曾經傷害我們和虐待我們的人，我們又可以怎樣去饒恕和施予。[7]

當時，我感到這道理非常新鮮，而我也是一個很新嫩的人……他說，我們可以向神說話，視他如同我們的父親一樣，不過，人羣中那些作教導人的畏縮起來。我幾乎可以聽到我父親嘀咕：「如果人人都是這樣想，說神是愛他的，那他們會變成甚麼樣子？」耶穌說，我們當將我們的憂慮告訴神，這是我們得到的屬靈寶藏，是可以存留下來的，然而，我們的房屋或衣服卻不能存留。他叫我們不要憂慮，神必會看顧我們，就好像他為百花塗上艷麗的顏色，和養活只會築巢的飛鳥一樣。神必定會看顧我們。

當抹大拉的馬利亞回憶往事的時候，她的笑容漸漸消失了。[8]有了新的屬靈經歷之後，萬事似乎都已經能夠明白過來。不過，自古以來，尋求的人都知道要過信心的生活從來就不容易。悔改相信的人並不是一下子就可以革新自己。當她活出新生命的時候，她會發現，原來她仍然帶著自己的老我、她痛苦的成長經歷、和別人給她講的一些故事。她這個發現也會叫她感到苦惱，所以她一定要不斷去尋求得到醫治。

有時候，我幾乎忘記自己從前的模樣是怎樣的，那個從前的我好像屬於另一個生命，或者是在另一個世界。但是，一些妖怪又會突然出現，叫我感到害怕。有一次，大概是我成為門徒之後六個月，我們當中有好些人到迦百農的時候，遇見了一個被鬼附的人。那人被四個人捉住，活蹦亂跳的，不時尖叫狂吠，像一頭野獸，引來一羣人在圍觀。

當時，我的心好像不會跳動似的。因為在半年前，我就是那一頭被眾人圍觀取樂的野獸。他們一直取笑我、呆呆地凝視著我……有多久呢？幾個月？幾年？我甚至連這個也不曉得。

「嘩！你看！我希望我家的利未能看見這個人。我們告訴他，他不是會很妒忌嗎？」

「他是我所遇見的人之中，其中最厲害的一個。我年輕的時候，也見過不少像他這樣的人……力大無窮……你瞧，那四個人勉強才能夠抓住他哩！」

「發出來的聲音有如一頭被烙印的野驢……這簡直是最佳的娛樂，無與倫比！」

我轉身，掩著自己的臉。

被鬼附：徹底的失控，終極的殘虐。抹大拉的馬利亞為她一生失去了的年日所困擾。她無法肯定哪一個人曾經呆呆地凝視著她那光著的身體，她對自己所做過的事情，或別人對她所做過的事情，都一無所知。即或現在，在她開口說話之前，她都會打顫、嚥一下口水，然後才能說話。

那人使勁地擺脫捉著他的幾個人，逕直向我們這邊衝過來。他全身僵硬，尖叫著。耶穌厲聲說，聲音有如雷鳴：「立刻從這人身上出來。」結果，那人倒了下來，像個布娃娃，一動不動。耶穌走近他，跪下來，他注視他，又拍他的臉頰，等他甦醒過來。在那刻，我已經哭起來了。

那人張開眼睛，滾身仰臥地上，就望著我們。他笑著說：「早啊！現在已經是下午了嗎？怎也好，我肚子餓著啦。」

那是他來到世上的時刻，我們好像在觀看一個嬰孩誕下來的過程。

抹大拉的馬利亞笑著說，這個回憶對她來說是神聖的，因為那人的得釋放，也使她自己重新得著了釋放。

就在此際，她搖頭。他怎能夠行出這些神蹟來……？

當眾婦女想起那天的情景時，不由得激動起來。對於某些人來說，這並非一件甚麼聖事，而是一個可怕的徵兆，因為在那一天，她們開始感覺到，她們要面臨的痛苦掙扎。圍觀的人都興高采烈，然而，那些宗教領袖就愈加冷酷無情，也愈加感到受威脅。蘇撒拿與抹大拉的馬利亞向來交情甚篤，她記得那次的勝利只是一個感覺而已。

眾人像瘋了似的，他們大聲呼叫：「大衛的兒子！」「還有誰可以行這異能呢？」「我們遇見彌賽亞了！」

約亞拿鎖著眉頭。她看見，耶穌死的種子在當日已經埋下了。耶穌釋放一個被鬼附的人這件事，在當時被視為是一個證明神的能力與耶穌同在的最有力證明。[9]簡簡單單的一個拯救已嚇怕了那些宗教領袖。約亞拿說：

我還記得。其中一個夫子，是一個管會堂的人，踏上前來示意眾人不要作聲。他說，不錯，這事確是很奇異，但你們不要忘記，人可以靠著兩種力量趕鬼：神的能力和魔鬼的能力。他這是暗示，他們那些作夫子的，可以幫忙人去辨別善惡力量。另一個夫子就指著站在耶穌旁邊的跟隨者說：「看你們這個『彌賽亞』與怎樣的人混在一起，然後問他，他是從何得著這個能力的。」

耶穌舉手回應的時候，眾人還在咕嚕。雖然他說話柔和，但帶著極大的權柄。他告訴那些夫子，人不可靠著撒但的力量趕出撒但。他稍停下來，就瞪著他們。耶穌繼續說話的時候，我看見他們一臉蒼白。他說：「然而，我若靠著神的靈趕鬼，這就是神的國臨到你們了。」

他當時是把他們推到牆角，迫使他們作出選擇。」

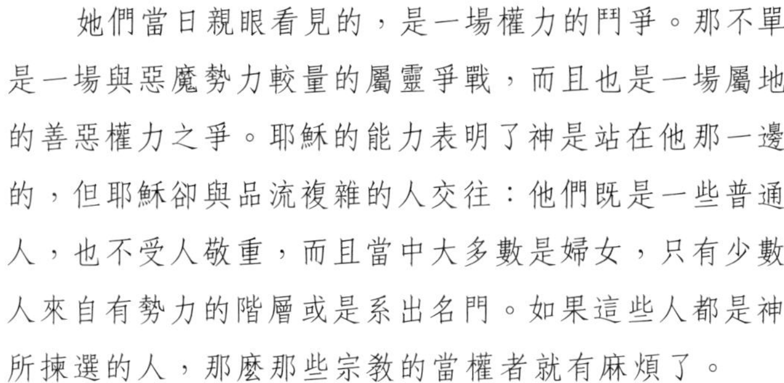

她們當日親眼看見的，是一場權力的鬥爭。那不單是一場與惡魔勢力較量的屬靈爭戰，而且也是一場屬地的善惡權力之爭。耶穌的能力表明了神是站在他那一邊的，但耶穌卻與品流複雜的人交往：他們既是一些普通人，也不受人敬重，而且當中大多數是婦女，只有少數人來自有勢力的階層或是系出名門。如果這些人都是神所揀選的人，那麼那些宗教的當權者就有麻煩了。

如果耶穌就是要來的彌賽亞……那是不可能的。因為神的國要按當時宗教既有的體系為基礎而建立起來的。眾婦女默不作聲，她們正要思想，要搞清楚耶穌所行的事，即釋放貧窮的人和受壓制的人，對他個人本身有何意義。她們當中有些人，像這樣認真思考這個問題的，這才是第一次。約亞拿再度開腔：

耶穌教訓我們說，如果我們的眼睛瞭亮，我們的視野就滿有光明。我們在遇見耶穌之前，視力因著我們自己的過錯和別人的不是而變得模糊不清。後來，我們靠著他的大能和憐憫，視力才得以回復正常。與此同時，耶穌憐憫人的行動，使我們看不清楚他所走的路會領他去所要去的地方，或阻慢了我們，使我們不能儘早看見耶穌的新路向。

我們很難想像，在跟隨耶穌的人當中，有沒有人開始注意到耶穌會被殺，並且他當時正是朝著與宗教勢力

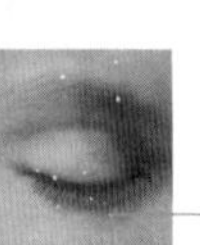

互相角力的路線發展，以及這些人是如何和在甚麼時候開始覺察到會有這情況。不過，對這些婦女來說……這一切都是新的經驗。

正如很多婦女一樣，她們的價值乃在於作自己丈夫的妻子、生養孩子，和她們美麗的身體。不過，除此之外，她們也受教導說，她們作為女人，就表示她們是夏娃的女兒，是誘惑人的女子。打從她們還在母腹的時候開始，她們已經知道，她們將會成為男性的威脅，男性為了免受性污染，就只能藉避免與女人接觸來保障自己安全。[10]

女性在守安息日的時候，要坐在會堂一邊，以致她們不會分散男性的注意力，或污穢他們。女性要怎樣才能成功抗衡這一切安息日的規條呢？她們進聖殿的時候，要與男性分開，從另一個入口進去，與聖殿要保持一段距離，因為男性才可以進到神面前，但女性卻永遠不可。這樣，女性要怎樣才能消除在聖殿裏長久以來這種性別隔離的規條呢？

耶穌鼓勵婦女跟隨他，並教訓她們，問她們一些嚴肅的神學問題，他要求她們認真思考，用心回答他的提問。這所有的一切，要她們重新學習的話，都必然是困難重重。抹大拉的馬利亞一定覺得受不了……

看來，世界已是新的了。很簡單。但是，我從沒有期望會帶著自己舊我的一切進入新生命裏。當我跟隨耶穌幾個月以後，約亞拿來了，我才開始發現自己的不足。

約亞拿，你不單美麗，穿著的衣服又很漂亮。我知道你的丈夫是希律的家宰。[11]

多個月來，抹大拉的馬利亞必定是一個很矚目的初信者。當他們走進一條村莊的時候，那裏的人會悄悄地說：「那個女的，她就是那個……人說她以前身上有七隻鬼。」當約亞拿加入以後，她一定取代了抹大拉的馬利亞的位置，成為眾人焦點所在。另一方面，女人自小開始受教，學習取悅男人，而這種為了取得男人的注意而彼此競爭的心態，亦開始浮現出來。

路加告訴讀者，抹大拉的馬利亞、約亞拿、蘇撒拿，和很多其他婦女都與耶穌一同出入，用自己的財物供給耶穌和他的隨行者。但為夫子預備食物是一種愛心的勞動，那些婦女都很樂於這樣做，而且感到榮幸之至。畢竟，絕大部分的拉比不單從不容許女性跟從他們或聽自己的教訓，連送食物給他們吃都一概禁止。因為女性太不潔了，所以她們隨時會令男性墮落，男性也實在太容易被女性所玷污。

說不定，當眾婦女在蘇撒拿家裏，為耶穌和他的跟隨者烤餅的時候，她們嫉妒的心就已經暴露出來。

當約亞拿來幫忙我們預備晚餐的時候，我發覺自己竟然希望她沒有成為一個跟隨者。我想像她與耶穌坐在一起，聽他講道，並取代了我的位置。

約亞拿，我只能僅僅記得我妒忌你的感覺是怎樣的，那似是很久以前的事了。在我裏面的深處，有個幽靈在攪擾我、提醒我，我仍有幾分姿色能吸引男人，因為我

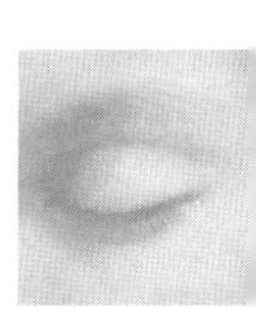

美麗。我可以使男人服從我的命令，因為他需要我。我懷著毒恨的心情留意你和蘇撒拿備餐時的一舉一動。

蘇撒拿，你看穿了我的心思，就像你清楚自己的心思一樣。第二天，你著約亞拿送食物出去，自己就來與我並坐，問我到底發生了甚麼事。

我說不出來。你為我做的事情實在太多了，你用愛心使我復原，我想，假如你看見隱藏在我裏面的惡，你會鄙視我。不過，我最後還是能夠把我的欲望、恐懼、嫉妒和憎恨告訴你。

我等著你反應，以為你會感到震驚。但是你反而提醒我，說我們正要成為新造的人。我結果明白，我最害怕的是，我可能沒有能力去改變自己並成長起來。你說，我們所要忘掉的東西跟我們要學習的東西同樣有很多。

你幫助我第一次看到，我們作他的門徒，是要締造一個新社會，一個新世界。在那裏，男和女都能夠彼此共事，他們互相關懷，而不會互相利用。我為此感到興奮。

但是我又感到自己很軟弱。我從前身上常常帶著自己最利害的武器，如今已經被解除了。我伏在你肩上痛哭，蘇撒拿，我問你，我們要怎樣才可以把我們在過去所學的完全忘掉。

你說：「這就是耶穌要來的原因。」

我們抱頭痛哭，因為這一切事看來實在太美妙、太新奇，叫人感到害怕和不可思議。後來，約亞拿進來，看見我們在哭，我們就告訴她我們剛才所說的話。

那一晚，我們一直攀談到黎明時分。約亞拿，你告訴我，長久以來，你都一直與你喜愛的衣服、鍾愛的房子、你的兒女和內心那份無法忍受的空虛感一同生活，你是多麼的悲慘。那一晚，當我就寢的時候，我很想知道，我們所經歷的事最終會怎樣發展。約亞拿，你已經撇下你的所有。我得相信，神必然會看顧你，他也必會看顧我們。蘇撒拿，你對我和約亞拿實在太好了。你對我們不但仁慈，而且滿有智慧。

蘇撒拿望著抹大拉的馬利亞，她容光煥發，流露著一種女性與女性彼此熟落以後，有時會表現出來的愛。蘇撒拿四下張望，笑著對她們說。

我的改變不及你們的改變大，但我也是一樣重新得到了釋放。自從我失去了兒子後，我就一直在做傻事，不但自私，而且又老又孤獨，變得很孤僻。現在，我有時仍會很暴躁，然而，我已經是一個新造的人。我幫助馬利亞，就好像幫助一頭受傷的猛獸般，我餵她吃飯、替她清理乾淨，愛護她，我這樣做，對自己的新生也有幫助。

她們靜靜地坐著，有數分鐘的時間。當抹大拉的馬利亞說完她的故事以後，天已經差不多入黑了。她拉她的袍子蓋著自己，低垂著頭，落在另一段沉重的記憶中。[12]

過了一、兩個星期，我們又到了迦百農。耶穌應法利賽人西門的邀請，去他的家吃飯。我們有幾個人站在他房子的窗前，希望得聽耶穌的教訓。耶穌正坐著，西門和他的朋友就在一起討論，神會如何按稅吏對妥拉的知識去審判他們。蘇撒拿悄聲對我說：「他們將會親眼看見誰才是真正的夫子。」

正當耶穌開口說話的時候，近門口的地方傳來嘈雜的聲音，有人走進他們吃飯的那個房間。正在席上進行的討論突然中斷了。我很驚訝，我們所有人都很驚訝，因為我們看見一個妓女走進一個法利賽人的家裏。我為她感到害怕，也為某些原因替耶穌擔心。我也替自己擔心。一個女僕咯咯地笑了出來，每個人都望著耶穌怎樣反應。

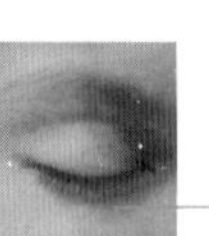

那女人去站在耶穌背後。在座的其他夫子都板起臉來，互相對望，有幾個更把雙手交疊在胸前。有一個用手掩著眼睛，好像要保護自己似的。那女人注視著耶穌，我也不清楚她這樣維持了多長時間，準是有一、兩分鐘的時間吧。

時間好像差不多要停頓下來。那女人跪在耶穌腳前，哭了出來，又撫摸他的腳，用她的眼淚洗他腳上的塵土。她不停地哭，後來，她伸手從自己頭上除下一隻髮夾，好讓頭髮放下來，垂落在她的腰下。她接著把頭髮提起，落在耶穌的腳上，再用頭髮擦乾他的腳。她的每一滴淚、雙手每個溫柔的舉動，都充滿了愛。接著，她伸手從袍子裏拿出一個細小的玉瓶。當她打開玉瓶，房間裏就充滿香氣。她再次跪下來，用香膏抹耶穌的腳，然後稍等了一會，就用嘴親他雙腳，就是趾頭的地方……我想，她正好吻在剛在昨天才修剪過的趾甲上……然後，她就彎下身退開幾步，跪了下來。

「他若真是一個先知，就必知道摸他的是誰，而不至於讓她摸自己。」

「我懷疑她耍了多少花招才可以買到那些香膏。」

「她是如何得到那些錢，或犯了多少條律法，似乎對他來說，都沒有關係。」

「被她這樣一摸，他如今已經成為不潔淨了……簡直叫人倒胃口。」

我被憤怒所勝。這些男人一點不懂甚麼叫做被無視、被唾罵、被人視之為不潔之物來對待。他們一點不懂被人輕蔑、恥笑，好像當你不存在似的到底是怎樣的一回事。他們一點也不懂是甚麼驅使一個女人要靠賣淫為生。

我的怒火又隨即冷卻下來，結成了冰。那個女人代表了所有女人，我們所有人都與她一同跪在耶穌身邊。她就是我。耶穌會說甚麼來替她、替我辯護呢？他會定我的罪嗎？還是會甚麼都不說呢？我曾犯下嚴重的過錯，虛度光陰，後來回轉不做惡事，作虔誠人。

待耶穌說話的時候，好像已過經年。他說：「西門，我有話要對你說。」

「夫子，請說。」西門說。耶穌給他講了一個故事，是關於一個債主的。這債主有兩個欠他債的人，一個欠他五百兩銀子，另一個欠五十兩銀子。後來他免了兩個人的債。耶穌問西門，那兩個人當中，哪一個會更愛那位債主？西門認為是那位多得恩免的人。耶穌說：「不錯。」

於是，他轉身向著那女人，她仍是躬身跪在地上。

他望著她責備西門。他說，西門沒有給他水洗腳；沒有與他親嘴；沒有用油膏抹他的頭。但那女人用眼淚洗他的腳；用嘴親他的腳；又用香膏膏抹他的腳。「所以，西門」，耶穌說：「她許多的罪都赦免了，因為她的愛多。但那赦免少的，他的愛也少。」

他走到那女人的一邊，摸她的肩。她抬頭望他，登時淚如泉湧。「你的罪給赦免了。」

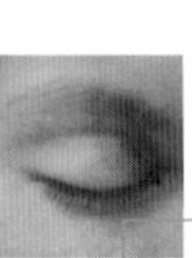

我相信她不會聽見在座的人的怨聲。他們抱怨耶穌與一個不名譽的女人說話，又把她與一個好像西門這樣有名望的人相比，而且抱怨他以人的身分赦罪。

耶穌的說話蓋過了那些不滿的聲音。他對那女人說：「你的信救了你，平平安安的回去吧。」

那女人目不轉睛地望著耶穌，然後輕輕一笑，就離開那房間了。我流著淚，轉身對蘇撒拿說：「我們回去罷。」我當時不明白他向這女人所作的，竟是意味他的死。[13]

註釋：

1. 參路加福音八章2至3節。
2. 傳統上，人都認為抹大拉的馬利亞、馬大的妹子瑪利亞和在路加福音裏面提到的有罪的女人（路七36～50），都是同一個人。瑪利亞曾在伯大尼膏過耶穌（約十二1～11）。但「各福音書均沒有提供任何實質證明來支持這個論調，因此，現在羅馬天主教教會已經放棄了這個說法。」（*Oxford Dictionary of the Christian Church*）
3. 一般人認為，女性是不配去學習妥拉的。Evans在她的書 *Woman in the Bible* (Downers Grove, Ill.: InterVarsity Press, 1983) 指出，猶太教聖經注釋他勒目（Talmud）有云：「妥拉，寧可焚之以火，毋寧贈之予女子。」及「教其女兒妥拉者，猶如授之猥褻物。」雖然人不可能完全遵守這些講法，猶太男人每日都會這樣祈禱：

感謝神，因他沒有使我生為外邦人。

感謝神，因他沒有使我生為女人。

感謝神，因他沒有使我生為農人。

有時候，會用「奴僕」一詞來取代禱辭中的「農人」。留意這個禱辭與被譽為是初代教會信徒受洗的禱辭之部分內容的分別：「你們受洗歸入基督的都是披戴基督了。並不分猶太人、希利尼人，自主的、為奴的，或男或女，因為你們在基督耶穌裏都成為一了。」（加三 27 ~ 28）。我們可以相當清晰的一點是，在第一世紀，猶太婦女只能透過其父系家庭進入聖潔裏面：「女人乃是透過男人的行為成聖的。」（參 Jacob Neusner, *Method and Meaning in Ancient Judaism*, Brown Judaic Studies 10, Missoula, Mont.: Scholars Press, 1979, p. 100)。

4. 這裏所指的 Magdala，亦有人認為就是在馬可福音八章 10 節的大瑪努他（Dalmanutha）。
5. 參路加福音三章 1 至 18 節；馬太福音三章 1 至 12 節及馬可福音一章 1 至 8 節。
6. 參路加福音十三章 20 至 21 節，十五章 8 至 10 節及馬太福音十三章 44 至 46 節。
7. 參路加福音六章 20 至 36 節及馬太福音五章 2 至 48 節。
8. 參馬太福音九章 32 至 34 節。
9. 參路加福音十一章 14 至 23 節。在路加寫書的時候，已經有一些專職治病的猶太人和驅魔的猶太法師。不過，那些驅魔的法術有一套又長又繁複的儀式，而且也絕少成功除魔。參使徒行傳十九章 13 至 17 節。
10. 當耶穌教訓人，説凡看見婦女就動淫念的，就已經犯了罪，這令他的男聽眾聽起來感到非常震驚，因為這是他們自然的反應，他們之所以色迷迷，都是女人犯的錯。參馬太福音五章 27 至 28 節。事實上，按照當日的律法，婦女不可以因為自己丈夫不貞而控告他。「通姦罪（在法理上）在當日只適用於由一個男人與一個已婚女性私通的情況之下。」（Everett Ferguson, *Backgrounds of Early Christianity*, Grand Rapids, Mich.: Eerdmans, 1987, p. 57）。指控自己的丈夫是一項罪行，是侵犯了他的財產權。當耶穌教訓人，不可以隨意之所欲而休妻，也同樣叫他的聽眾感到震驚，因為當時男人是有權給妻子休書，並可重獲自由。參申命記二十四章 1 至 4 節；馬太福音五章 31 至 32 節，十九章 3 至 9 節及馬可福音十章 2 至 12 節。
11. 參路加福音八章 3 節。
12. 參路加福音七章 36 至 50 節。

13. 教會歷史學家 H. C. Frend 提及耶穌對待女性的態度時說：「事實上，在當時來說，耶穌對待婦女的態度是很革命性的，這可能是造成他最終與法利賽人決裂的原因。」(*The Rise of Christianity*, Philadelphia: Fortress, 1984, p. 67)。Frend 認為，耶穌對這個女人膏他的反應，是他傳道時期的其中一個重要時刻。當時，男人在公眾地方對自己的妻子說話是一個禁忌，更不要說與另一個女人說話了（參 Evans, *Woman in the Bible*, p. 35 或 Swidler, *Biblical Affirmations of Women*, [Philadelphia: Westminster, 1979] p. 187）。在這樣的一個時代，耶穌竟然向這個有罪的女人給予肯定，准許她觸摸自己，又與她說話，那種震撼的程度是我們無法可以想像得到的。Frend 繼續評述：「耶穌對法利賽人西門所作出的指責（路七 39 ~ 50）是很嚴厲的，而且耶穌講話很有權威，語氣堅定。『所以我告訴你，他許多的罪都赦免了，因為他的愛多；但那赦免少的，他的愛就少。』（路七 47）。故此，法利賽人經過這件事之後，除了與耶穌對抗之外，我們很難想到他們還可能做些甚麼」（p. 67）。

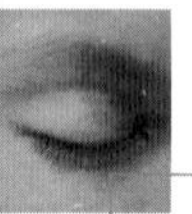

個人思考問題

1. 除了在耶穌被釘十字架和他復活的兩處經文外，聖經很少提及抹大拉的馬利亞（路八1～3）。然而，在美術和神話兩個範疇裏面，她卻是一個家傳戶曉的人物。她是一個需要我們從「字裏行間」去認識的人。我們讀聖經的時候會問：抹大拉的馬利亞，一個被耶穌釋放之後，一直跟隨他去到他被釘十架的地方，並且是第一個見證他復活的人，她到底會是一個怎麼樣的人呢？嘗試把多年來那些關於抹大拉的馬利亞的謠傳，及別人對她的印象擱在一邊，然後再想一想，你認為她會是一個怎樣的人呢？
2. 抹大拉的馬利亞的經歷一定是很恐怖的，那是我們大多數人都沒有經歷過的。但是，我們每個人都知道恐懼、絕望、黑暗是怎樣的一回事。回想一下你自己的經歷，有沒有一些經歷在某程度上，與抹大拉的馬利亞所經歷的有相似的地方。
3. 抹大拉的馬利亞在得著釋放之後要重建新生。她好像我們所有人一樣，帶著過去所受的痛苦和傷害、社會壓力、她的天賦才能和失敗進入新生命裏。她跟著耶穌傳道、聽他的教訓，並與其他跟隨者一起生活。作為耶穌跟隨者的一分子，她需要搞清楚：耶穌傳道的意義、她如何理解耶穌的教訓，以及她與其他跟隨者的關係。在這一章裏，看看抹大拉的馬利亞如何處理這三個範疇的問題。然後想想你自己過去又是怎樣處理這類的事情。在你得救以後，曾否遇上類似的經歷？

一些新的信仰經歷或教導碰上你過去受傷的地方，而這些新的經驗或教訓改變了你從前的生活和想法，試舉一個例子。

小組討論問題

1. 請每位組員用一個字來形容抹大拉的馬利亞在藝術和神話等方面所給予人的印象。然後，請每位組員分享他們在個人思考問題第1題的答案，即從聖經有限的記載中，分享他們對抹大拉的馬利亞的印象。

2. 在這一章裏，我們看見耶穌與人初次碰面的時候，他都被捲入與宗教權力鬥爭的衝突裏。從這些衝突你可以找到一些脈絡嗎？換句話說，耶穌做了甚麼事，以致宗教領袖感到非常反感呢？
   大聲朗讀路加福音七章36至50節。留意耶穌在這故事中對不同人物的態度。然後閱讀本書頁72中的註13，有關這個故事的註釋。有些人會認為，耶穌處事不夠老練令人難以置信，他著實是在自找麻煩。你如何理解他在這件事上的一言一行？

3. 請各組員輪流分享你們在個人思考問題第3題的答案。然後，思想一下，在你的信仰生活裏，有沒有一些地方是你正要學習的，而這些東西又正碰上你舊我的一些生活習慣和傷口。試作簡短的分享，然後就各人在這方面的成長彼此代禱結束。

第四章

悟出真理

入夜時分，馬大站起身來進到廚房去。對馬大來說，安息日向來是一個很難應付的日子。不過，剛過去了的這個安息日，是歷來最差勁的一個。[1]此刻，安息日既成過去，馬大就點起兩盞小油燈，帶進房間裏。眾婦女們坐著觀看閃爍的火光，想起屋外的一片漆黑。

他死亡的陰影又再籠罩著整個房子。對這些在這裏聚集的婦女來說，他的生與他的死都絕不能成為她們奉為信條的東西。耶穌絕不單單只是一個奇妙的啟示，或是一位偉大的夫子，或彌賽亞。因為耶穌把她們的生命徹底改變了。約亞拿再度開腔：

耶穌已清楚說明，新酒是不能裝在舊皮袋裏的，因為若是這樣，皮袋就會裂開。[2]他說惟獨要把新酒裝在新皮袋裏。

抹大拉的馬利亞的生命、羅大的生命、呂底亞的生命、還有我的生命，都被耶穌觸摸過，使我們得著醫治和愛。但是，我們對耶穌的愛，並他對我們的愛，把我們的生活常規徹底打破了。

約亞拿觀察到一些事情，是很多其他婦女幸而沒有注意到的。在門徒中，那些男人可以在一、兩個月內開始重整他們的生活，重新投入以前的工作。馬太可以從事一些正當的財務工作；彼得與其他人也可以回去打魚。但是，這些曾經跟隨耶穌的女人，是已經撇下自己的家庭，去與一羣人跟隨一個夫子出出入入，而且當中有男有女；對她們來說，她們並沒有走回頭的路可言。如今，隨著她們夫子的死，一扇通往得著生命自由與意義的門已砰然關上。

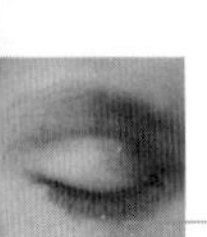

但惟獨約亞拿這個女人是例外的，她是一個戰戰兢兢的先知，她要提醒每個人死亡正逼近他們。不過，對其他婦女來說，她是一個暗示，暗示孤單正隱約出現眼前。這些在聖星期六聚集的婦女，她們作耶穌的門徒，是已經對耶穌表示忠心，也為要在生命上作出根本性的改變表示忠心。她們怎可能去走回頭路，做一個消極的聆聽者，要透過聽取第二手甚至是第三手的資料來知道自己生命的意義呢？如今，她們的夫子已經死了，按她們所知，她們的生命也已經終結了。她們是已經撇下了一切，付出了一切。

眾婦女靜靜地坐著，房間裏香膏的氣味終於散去。蘇撒拿打破沉默說：

除了跟隨他，我們別無選擇。

這天，是耶穌死後的頭一天，這班婦女注意到其他不在她們當中的門徒。昨天這些門徒不在場，今天他們是缺席者，是個空位。試問沒有他們的時候，她們如何可以接受和面對等候、警醒和痛苦掙扎呢？

撒羅米對那些沒有跟著耶穌到各各他的人感到憤慨。她站起來，雙手叉腰，要把她的憤怒吐出來：

誰説我們除了跟隨他就沒有其他選擇呢？我們也可以像很多人一樣，聽了道以後就散去，説不定我們也會一同設計殺他。當他叫我們與他同坐的時候，我們也可能會照樣打盹。在危急當兒，我們説不定也會逃走；他死的時候，我們也可能不見影蹤。大家想想昨天那些沒有出現的人吧……只有約翰一個有勇氣在附近徘徊……當時，我們不也是一樣很害怕嗎，這個我並不否認。

撒羅米忿然雙手碰擊。羅大説：

但你不要忘記，我們比他們看得更清楚。

她遲疑了一會，好像不敢説話似的。

彼得現在在哪裏呢？

她們原以為彼得是她們中間的一分子，但如今這個外人到底在哪裏呢？馬大知道事情的始末。馬大是一個勇於尋找答案的人，尤其在危急關頭，她更會以此為己任。

在安息日日落之前，拉撒路和約翰曾出去四處找他。後來，約翰順道來探望耶穌的母親。他說，他擔心彼得可能會自尋短見。他們已發消息出去，說他們所有人都在耶路撒冷，暫時住在雅各的家裏。

可憐的彼得。他說過，無論發生甚麼事，他都會緊緊追隨耶穌。但他卻起誓說，他從不曾聽過耶穌的名字，後來，就目睹耶穌被人帶走……

唉，他已經無法向耶穌解釋了。

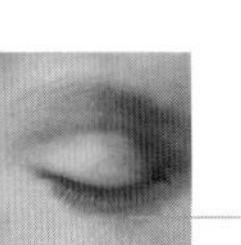

眾婦女聽了蘇撒拿的感言，都很同情他。已經無法向耶穌解釋了。呂底亞搖頭，感到很可怕。約亞拿說：

彼得甚至害怕去搞清楚耶穌的教訓是甚麼意思。因為打從我認識他以來，他似乎都一直想說服自己，耶穌是不可能受到傷害的。

有一次，他們有幾個人剛從加利利海的另一邊回來，那次是我頭一次看見他感到挫敗。當時，彼得正要把他的船靠岸停泊，他叫抹大拉的馬利亞和我等他。

「這幾天真不簡單啊！」他在岸邊大聲呼叫，就趕上來，把事情的經過告訴我們。他說，他們出海的時候，海上起了大風浪，巨浪打在船上。當時，他深知那條船一定會沉下去，而且他們全都會喪命。「但是，耶穌當時究竟在哪裏呢？」他眼睛骨碌碌地轉：「他竟在船頭睡著了，好像個小嬰孩。」

「我們快要喪命，但他好像毫不在乎！」後來彼得告訴我們，耶穌如何醒來，停止了風浪。他悄聲地說。

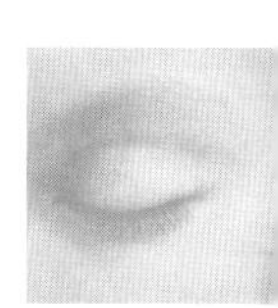

這件事令彼得感到非常鼓舞。耶穌能夠喝止風浪，他能醫治長大痲瘋的人；從抹大拉的馬利亞身上趕出污鬼，這一切看來都很奇異。但彼得認為，最奇異的莫過於他能叫風浪停止下來⋯⋯

他繼續說，他們在格拉森見到一個被鬼附著的人，[3] 有人設法用鎖鏈鎖著他，卻被他掙脫了。但是，當那人看見耶穌的時候，他大聲吼叫，又使自己受瘀傷，甚至連鐵鏈都鏗鏘作響，後來，又發出刺耳的尖叫聲。結果，耶穌醫治了那個被鬼附著的人，他吩咐鬼離開他進入豬羣中，那羣豬隨即闖下山崖，投在海裏。彼得真的很享受將事情描述給我們聽。那被鬼附著的人後來安然無恙，抹大拉的馬利亞就問彼得他後來怎樣。他說，那人後來坐下來，臉上掛著微笑。從鎮上來的人看見他，都幾乎認不出他來。不過，豬羣的主人很憤怒，所有人都央求耶穌離開那裏。

撒羅米又再搖頭：

真是叫人難以置信。跟他說，請你離開，求求你。不單豬羣的主人，就連那地的人都是這麼說。叫彌賽亞離開，因為他擾亂了他們日常生活的秩序，和他們的生計⋯⋯

約亞拿接著說：

當時，我不敢去想，究竟那件事的發生對耶穌有甚麼意義……但是，最令彼得印象深刻的，是耶穌能力的彰顯。

有時候，彼得似乎真是明白的。你還記得那次耶穌為魚和餅祝謝，並餵飽聽他教訓的那羣人之後的一天發生的事情嗎？那天，我還想拉著耶穌，告訴他那些人可能會誤解這一類神蹟，他或許應該私下向個別少數人行這些神蹟……

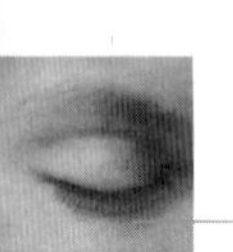

不過，餵飽羣眾的神蹟吸引著彼得。他好像一隻活蹦亂跳的小狗那般興奮。那件事以後，我們有一次出去的時候，耶穌問我們，人怎樣說他，他又問我們的想法，當其他人還在考慮怎樣措辭的時候，彼得衝口就說，耶穌是彌賽亞，是永生神的兒子。聽見他那樣回答，令我們所有人都有點驚怕，他竟然能夠表達得那麼清楚，直叫我們為他感到驕傲……

不到一個小時後，耶穌開始談到他將受苦和被殺的事。當時，正值午後，是一個和暖的夏日，但是，我們還在路上，日頭忽然變黑了。我討厭耶穌說的那番話。我想跟他說：「嗨，夫子，事情一定要這樣發生嗎？」不過，彼得以他最勇敢、最嘶啞的聲音對耶穌說：「主啊，這事必不臨到你身上，我是不會讓它發生的。」耶穌吩咐彼得退開，因為他不與神同心，卻與撒但同謀。

我們所有人都感到震驚。耶穌卻繼續告訴我們，怎樣才算是跟隨他，他說，我們要放下家庭，把他放在首位，我們不能說跟隨他卻又往後看。在我看來，那和暖的一天已經變得冰冷。

無論彼得和猶大怎麼說，耶穌仍一點也不為所動。

猶大認為，耶穌是因為工作過量，以致筋疲力盡，只要他有充分的休息，他就會回復他本來的熱誠和他樂觀的傳道作風，以及他對新世界的夢想，而不會糾纏在這些受苦和被殺的言論上。彼得告訴我，當耶穌說，若有人要跟從他，就當捨己，背起他的十字架，去跟從他，他覺得耶穌給了人一個錯誤的印象。他認為，跟從耶穌的人應該先聯合起來，體驗耶穌所講的奇妙新國度，然後，如果耶穌要繼續提說有關受苦的事，那不過是跟從他的一部分代價而已。正如彼得所講，如果你聽見耶穌說要喪掉你的生命，然後，又看見他在海上行走，這樣才可以兩邊拉個平。

我想，彼得在耶穌被捉拿之前，他仍認為耶穌是不會死的。我們知道耶穌會死，但其他人卻看不見這個事實。就是因為這個原因，他們在過去的一個星期裏，感到萬分震驚。

撒羅米站在圍坐在一起的婦女旁。縱使是在柔和的燈光下，撒羅米看起來仍像一個堅強、認真的人，一個慣於為自己辯護的女人。她剛才怒不可遏，說話毫無顧慮，但是，現在卻變得結結巴巴：

我應該如何給你們講個明白才好呢？

她雙手掩臉，哭起來：[4]

我因其他門徒感到很生氣，甚至比你們更生氣。我是一個遲鈍的人，我得坦白承認，我到昨天在十字架旁的時候，才開始領悟出來。

撒羅米止住哭聲，環視四圍的婦女，嘴唇僵著：

耶路撒冷的宗教領袖……我想知道，他們今日會有何感想。或者他們正感到滿足，正在想，他們已經鏟除了一個拉比，因為這個拉比的言論危害公眾。

當耶穌在十字架上的時候，我開始明白到，他所捨棄的，並他要求我們的，是耶穌所講的話最奧妙的地方。

你們都似乎十分清楚明白這一點。但是，差不多到最後一刻，我卻好像彼得和猶大一樣。我很想耶穌不再悲嘆，不要再談那些受苦和撇下所有甚麼的，而開始把一個新國度建立起來。

這就是為甚麼我鼓勵雅各和約翰去跟從耶穌的原因。他們的父親在臨終前幾個月，才把耶穌呼召雅各和約翰的事告訴我。我知道以後，心裏感到很煩亂。後來，我聽見耶穌的教訓，覺得這個拉比所講的道，叫人聽起來感覺很新鮮，而且說話大有權柄，他是那種雅各和約翰應該去跟隨的人。

我怎麼可以瞎了眼似的甚麼都看不見呢？特別是在他們的父親過世以後，我感到作為一個好母親的部分責任是，在他們需要的時候給他們意見，並且要常常推他們一把。特別因為約翰是一個生性敏感的孩子……

我說得這樣坦白，其實很難受。我感到他們被忽略了，又或者他們不覺得我有需要去催促他們超越其他人。

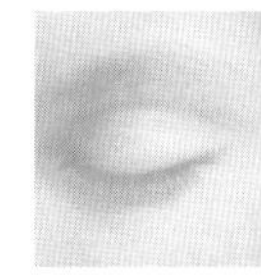

結果，我還是催促他們……著他們一定要得耶穌應許，在他的國度裏賜他們位置。

撒羅米苦笑：

我不知道他們那個時候為甚麼會完全聽我說。當我最終向耶穌提出他們的事的時候，耶穌很清楚說，我們根本不明白他的國度是甚麼。耶穌問雅各和約翰，他將要喝的杯，他們是否能喝。他們向他誓言，說他們能。

現在，我終於明白耶穌當時所指的是甚麼。那要喝的杯就是耶穌昨天所喝的那杯。

耶穌告訴他們，他們將要喝那杯。或者他們，還有我們，都會一同喝那死亡之杯。

撒羅米搖頭說：

你們當中有人還記得那天發生的事情。後來，其他人因我們所說的話起了爭議。我永遠不會忘記耶穌隨後所說的話。他說，有勢力的人喜愛掌權，就好像羅馬王和在高位上的官兵愛掌權一樣。人總喜歡管束他人，我知道他的意思是指每一個人，而且無一個人例外，正如宗教領袖愛管束鄉下人；丈夫愛管束自己的妻子；拉比愛管束他們的跟隨者……

耶穌說，在他的新國度裏，情況卻是不然。難怪那些人要殺死他。他說，誰願為大的，就必作別人的用人；誰願為首，就必作眾人的僕人。他說，他來是要服事人……並且要為我們捨命。

撒羅米環顧那些婦女的臉。

那天，我求耶穌赦免我的罪。但是，我直到昨天仍是一直不肯放手。我要管束自己的兒子，控制自己的生命。我從沒有把自己交給耶穌。在十字架下，我才真正開始明白，何謂捨己跟隨耶穌。我以前就好像我兩個兒子一樣，像彼得一樣，完全不明白耶穌的生就是他的死。

但是，當我明白過來的時候，他已經死了。我從來沒有真正跟隨他。

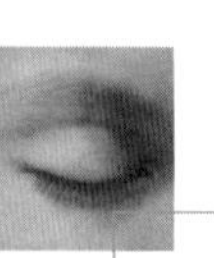

撒羅米痛哭起來，那哭泣不是默然的，也不是她能自控的，她乃是一個已永遠失去某些東西的人所發出來的哀號。馬大拉著撒羅米，讓她枕在自己肩上。撒羅米多年來都不肯讓人來安慰自己，或者從她丈夫死後直到如今，她都沒有接受過別人的安慰。她哭得愈來愈厲害，啜泣聲已變成了嚎啕大哭的聲音，最後變作微弱的抽泣聲。

在靜默中，有哀愁與空虛、悔恨。屋外已經漆黑一片。那份失落感，那個定局，重重的壓著她們。撒羅米繼續說：

我們生命的光，已經熄滅……耶穌就是生命，他怎麼可以永遠不再與我們同行、與我們共話、與我們一起笑呢？

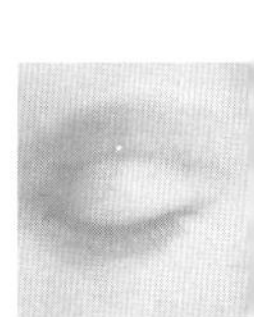

呂底亞點頭說：

牧人被殺，我們就像羊一樣到處跑，不知道該跑去哪裏，也不知道該做甚麼。真葡萄樹被剪去，整個葡萄園就荒廢了。我只能想到，我們仍然留在這個世界上，它是一個罪惡確實戰勝美善、黑暗勝過光明的世界，而那些為保存自己地位而不擇手段的當權者最終仍是達到目的。

但是，約亞拿搖頭：

不過，對我們來說，這不足為奇。撒羅米，你上耶路撒冷是要在耶穌臨終的時候陪伴著他。這事我們都知道。在跟隨他的人中，有些人比其他人更清楚知道，他的教訓和他對生命的行為態度是導致他死亡的原因。

註釋：

1. 參路加福音十章38至42節。
2. 參路加福音五章33至39節；馬太福音九章14至17節及馬可福音二章18至22節。
3. 參路加福音八章26至39節。
4. 參馬太福音二十章20至28節。

個人思考問題

1. 在這一章裏，我們看見好些人，他們似乎因為所想望的東西未能成真而感到十分失望；也有直接被引去面對受苦的問題。試看在這一章裏所見到的一些人，他們在面對苦難的時候的不同反應。在這些情況下，你最傾向會有哪一種反應？回想一下你自己的經驗，你有遇過不可解決的難題嗎？例如惡人得勝，或你的禱告好像不被垂聽等。在那個時候，你如何去尋求明白，為甚麼會出現這個問題呢？你現在又會如何面對這一類的問題？

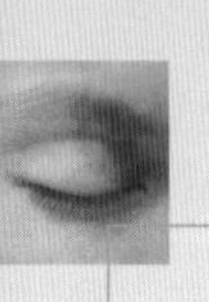

2. 這一章的另一個主題是：耶穌接待人的態度與當時在整體社會上的做法的差別。耶穌說，各人要彼此服事，這個教訓看來一定是與當日社會的做法格格不入。不過，這個教訓看來似乎與今日的社會同樣格格不入。有時，對女性來說，她們已經愈來愈難展開這方面的討論，因為社會與教會都已利用了女性謙卑服事的心態。依你看，在伯大尼聚集的婦女是如何處理這個問題的？你又是如何在完成這項挑戰，遵行耶穌的教訓，在彼此服事之餘，而沒有讓自己被人「善用」的呢？

小組討論問題

1. 在跟隨耶穌的人當中，男性的跟隨者和女性的跟隨者在遇事的時候，各有不同的反應，這個差異在這一章裏顯露出來。正如我們在較早前所見，跟著耶穌去到他被釘十字架的地方的人是這些婦女(參看第一章註釋4)，第一批去到墓前的人也是這些婦女。你如何理解這些婦女對跟隨耶穌的表現？

2. 分享你們在個人思考問題第1題的答案。

3. 分享你們在個人思考問題第2題的答案。並為這項彼此服事的挑戰一起禱告。

第五章

馬大與耶穌的母親馬利亞

約亞拿望著耶穌的母親。

眾婦女都害怕去問他母親一句。

你是甚麼時候知道他是會死的呢？

馬利亞，歷世歷代以來，你都被安置在檯座之上。在那裏，你是多麼的不可親近，你又是多麼的聖潔、被動、溫馴。你其實有沒有選擇過甚麼呢？在眾畫作和雕像裏，你幾乎都不會望著你的嬰孩，常被你本身的聖潔分散了注意。你注視自己的右腳，依我們所看見的你，是一個被塑造出來的模範婦人。你從沒有自己的主見、沒有自己的抱負，這就是一個完美的好婦人所擁有的美德。你是最完美無瑕的母親，高潔的你，最能滿足丈夫和孩子的需要。

不。

這並非完美無瑕。也不是被動。這些所謂的選擇，乃是一些可怕、恐怖的選擇。

馬利亞直起腰坐，就環視其他婦女。

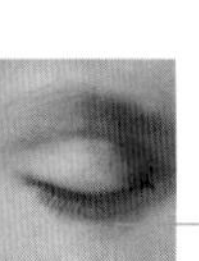

在這些年間，我一直都為要捨棄自己的兒子而感到痛苦。有時候，我覺得自己對神很有信心；但又有些時候，我感到自己非常惶恐不安，一方面擔心耶穌的安危，一方面又很想自己有能力保護他。

也許這種沉重的心情，是我在拿撒勒聽他在會堂裏教訓人的時候開始有的。[1] 那天本該是一個大好日子。每個到會堂裏來的人，看見耶穌來到自己家鄉的會堂裏教訓人無不喜悅他——這個約瑟和馬利亞的兒子，他曾經一度在拿撒勒當過木匠。我想，當時在會堂裏的人都期望會聽到一堂美好、令人鼓舞的信息。

那時，會堂裏已經座無虛席。有人把羊皮卷交給耶穌，他就打開，找到先知以賽亞講到關於彌賽亞的一處經文，他是頗為特意地要找這節經文出來的。經上寫著說：「主的靈在我身上，因為他用膏膏我，叫我傳福音給貧窮的人；差遣我報告：被擄的得釋放，瞎眼的得看見，叫那受壓制的得自由，報告神悅納人的禧年。」耶穌唸得很動聽，你甚至可以聽到針掉落在地上的聲音。他唸完以後，便把書捲起來，交給執事，就坐下。我感到四周的人都盯著他。耶穌唸這麼好的一段經文出來，他想告訴我們甚麼呢？我們知道當在座的人的後代子孫都長大成人，彌賽亞降臨，並稱讚他們的時候，以賽亞所預言的榮耀日子或許就會來到。這樣，他又想告訴我們些甚麼是關於這個榮耀的日子的呢？

耶穌坐著，一直望著眾人，直到會堂裏沉默的空氣開始變得使人感到局促不安。最後，他說：「今天這經應驗在你們耳中了。」我的心幾乎停頓下來，但其他人好像並沒有把他的話聽進去。我聽見四面八方都有人在議論紛紛：

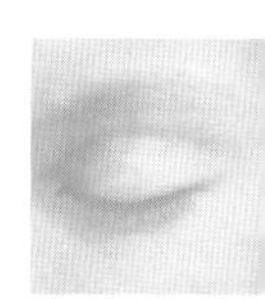

「他真是一個出色的講者。」

「我恨不得整天聽他念經上的話。」

「這就是約瑟的兒子嗎？」

「一個木匠的兒子能夠有這個表現，已經算不錯了。」

「打從他替我造椅子的時候開始，我早就知道這個孩子不無潛質……」

「你們有沒有聽人說過他在迦百農醫治病人的事？真神奇，我曾聽說過……」

我大大鬆了一口氣，而且一時激動到眼淚都要湧出來。耶穌那番驚人的說話他們都沒有聽進去，但我反而感到很放心。因為我知道，假如他們聽得懂他的話，他們一定不會坐在那裏，帶笑地望著他。對他說這些明褒實貶的話。耶穌呀，夠了，該適可而止吧，求求你，不要再說下去了。

但耶穌何曾想過話已經說得夠了呢？他告訴他們，他早已猜到他們一定是很想他在拿撒勒行些神蹟給他們看，就好像他們聽見他在迦百農所行的神蹟一樣。「你們一定是搞不清楚甚麼叫神蹟」，他說。「因為這裏是我的家鄉。但是，對以色列民來說，這並非一個他們在現在才出現的問題。」那些人仍是不住一邊點頭，一邊聽他說話。「你們想想，神因為他的選民不聽從他的話而要使用外邦人，到如今已經有幾多次了。」

他接著提到以利亞和在撒勒法的一個寡婦，並敘利亞國的乃縵。

最後，他們開始聽出他的說話來。我真的再難忍受下去。你們都知道，現今的人是怎樣看待外人吧……那些人開始抱怨，眾人怒氣滿胸，要起來攆他出會堂到城外去。事件就這樣開始演變成為騷亂。有班暴徒更追趕他到山崖。

我於是自己一個人慢慢走回家去。我感到很孤單，我的一生好像噩夢一樣變得緊張起來。我這孩子，這個會隨時嚇你一跳的兒子，別人表面上給他的讚美，他都一概拒絕接受，他堅持說話要直話直說，無須轉彎抹角，要確保所有聽見的人都明白自己所說的話。長此下去，他們會除掉他。在我看來，我實在是大受打擊，為甚麼我竟然會「答應」把這麼的一個孩子生下來的呢？

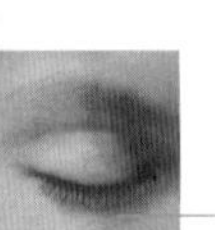

耶穌的母親搖頭道。

我早已經知道他是會死的。你們從前都有我一樣的想法吧！

抹大拉的馬利亞環視眾婦女。[2]

對，我早已經知道。打從我們去拿因城的時候開始，我就已經知道了。

還記得那是一個明朗的春日。拿因是一座隱入山林中的小村莊，看起來就像一顆小巧的寶石。那天，我們從大路轉入山徑，朝著山村往上走去。

當我們進城的時候，就聽見有人舉殯，和他們悲泣的聲音。那些哭喪者呼天搶地的哭，他們的哭聲在我心中喚起了我的回憶，想起自己母親舉殯時的情景。我們看見有六個人抬著棺架走，我簡直不忍去看它。我抬頭向棺架望過去的時候，看見安放在上面的是一個叫人好生憐愛的少年人，他有一頭深色的捲髮，髭鬚還剛剛開始長出來。他母親搖搖晃晃的跟在後面，悲痛欲絕。她那繃緊著的臉顯得蒼白。人羣中有人隨著她的哭號聲也哭起來：「真可憐，這個寡婦就只有他這一個兒子。」那寡婦一臉消沉，她所受到的創傷令見者都感到心酸。我還記得，我當時想，她還未曉得自己除了會是孤苦伶仃之外，還要面對極度貧困的生活。

此刻，我們已經走在那些舉殯者的行列之中。

好像那粉飾過的美就是在這個和暖的春日開始消退似的。那真實存在的是這個少年人的死和他母親所受的痛苦哀傷，這個事實把日頭遮蔽著，鴉雀也彷彿被人折斷了頸項一般，變得寂靜無聲。

我想，這就是為甚麼在喪禮中，管會堂的人常常都目無表情的原因。他們不想有人去問，神在哪裏。所以，他們只會對像她這樣的一個寡婦視而不見、漠視她，看她為一個歇斯底里的女人。

那麼，耶穌會做甚麼呢？

耶穌上前去，對著那少年人的母親。他望著她搖頭嘆息，好像已深深被她的傷痛所感動似的。他跟她說話。

她軟弱無力地站在那裏，無法與耶穌的視線相對。

所有人都好像僵住了，就在一剎那間，困在那個時空之外。雖然我不清楚是甚麼使然，但是我感到自己的身體在發顫。

在那一刻，只見耶穌穿過靜默的人羣，走到棺架那裏。他伸手摸那少年人的手臂，對他說：「少年人，我吩咐你，起來！」他的聲音把寂靜一下子劃破了。我閉起雙眼，既害怕去張望，又害怕自己看也不敢看。我的心在我耳中呯呯地跳，我還以為它會把我的一雙耳膜震破。

這樣過了多久？或者也有半分鐘。那少年人筆直地坐起來，並且開口說話。他的反應就好像一些在熟睡中被人叫醒的人一樣。但圍觀的人看見他就好像看見了鬼魂一樣。耶穌扶著那少年人從棺架下來，這個動作就好像平常人會做的事那麼自然。他一手從後扶著少年人走了幾步，就把他交給他的母親。

有人打破了沉默說：「神臨到我們了！」又有人大聲說：「先知！是先知！」

我觀看那婦人。「我的兒子啊！」她高叫，淚流滿面。她們兩母子就互相擁抱，那少年人笑起來。他縱情地笑，笑聲嘹亮，是一種屬於他那麼年青的一個小伙子的笑聲。耶穌看著他們，自己也笑起來。

她們沉默了幾分鐘。婦女中有人想像、也有人在回憶當日的情景。有人悄聲說：「一個人怎麼會有能力叫死人復活？……」其餘的人必定也有相同的疑問。抹大拉的馬利亞搖頭，繼續說。

那座隱沒在山林中的美麗小城所得到的，好像要比它指望要得到的還要多，也比它夢寐以求的也要多。拿因實在是太小了，它太無足輕重，承載不到這莫大的榮耀。那少年人沒有求免於一死，他母親也不會敢提起勇氣去求。但耶穌所行的事超越了儀節和常理所設定的界限，而且是遠遠的超過了，這是十分危險的。

我為他感到害怕。從那天開始，在我心裏就一直點起一點畏懼的小火花。

我最期待的是能在明媚的春日下漫步，拿撒勒全城的人就希望聽一堂出色的講道。

馬大環顧眾婦女，她好像要勉強自己坐下來。[3]

姊妹們，我得向你們坦白承認，我並沒有要耶穌給我一些超過我自己所求所想的東西。

馬大臉上所表現出來的痛苦，只能僅僅抑壓她那充滿幹勁的能者本色和她內心那份強烈的感覺。多年以來，她的力量都一直貫注在料理家頭細務上，而且她做起事來很拼命又帶有火氣。馬大實在太了解女人，她知道女人是不會聽從拉比的話的。她也不想自己引起複雜的爭論。因此，去質疑女人的生命和她們發展的潛能等問題，不單會讓關在她靈魂深處的惡怪逃脫出來，而且也會釋放出一些人都害怕觸碰的問題，例如，女性可以如何把自己的歲月投資在有意義的東西上，和她們過往的生命是如何度過的。

從前，我們有幸能夠常常與耶穌在一起。起初，我們在聖殿附近聽見他教訓人。後來，我們知道他每次上耶路撒冷的時候，都需要有個可以歇息的地方，於是，我們便主動邀請他來我們家，讓他可以視伯大尼為他的第二個家。

我向來都以廚藝了得、好擺筵席請客，和善於管理僕人見稱。我自信耶穌在伯大尼的時候一定會感到很舒服。

在馬大和她的妹妹瑪利亞之間所觸發的競爭，開始的時候一定很溫和，到後來才慢慢演變成劇烈的競爭。沉默寡言的瑪利亞，向來都很少把自己的想法和感受表達出來。她或者會認為，馬大凡事拘泥於每一個小節上的處事方法，是膚淺和無價值的。女人每月有七日的不方便，對她們倆姊妹來說，這個不便一定已經成為她們的一個試煉。由於馬大不可能在這幾天做飯燒菜，而不會不使食物不潔，所以，當瑪利亞為她代勞，努力打點飯食的事的時候，馬大就會在旁叨嘮指點，不厭其煩。

雖然，或者對女人來說，向人坦白認錯是一件最稀鬆平常的事，但是，馬大在說話的時候仍是有點吞吞吐吐，沒有勇氣向人坦承自己的不足。不過，這並不是女人多會談論到的事情。反而當別人在評價自己的廚藝、持家之道或款客之道等方面的時候，感覺就如被別人評頭品足。她們在為家人安排假期節目的時候，會很緊張自己所安排的是否周詳，並且會比聽到最後審判的號筒聲還要緊張。馬大作個深呼吸，然後說……

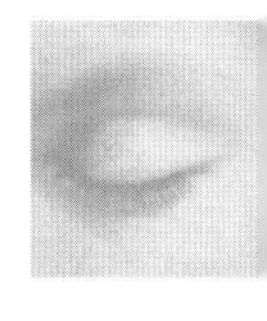

每次耶穌來訪，我就希望自己能一次比一次的更加令他感到舒適，給他留下更多好印象。我會多預備一款菜式，加一種新飲料。他嚐過以後就會說：「這檸檬汁真不錯，很怡神。謝謝你，馬大。」

我很喜歡這樣為耶穌效勞。不過，我所得到的滿足感維持不到一分鐘就消失了，我從不感到滿足。當別人告訴我，我是個大廚子、出色的烘餅師傅、親善的女主人的時候，我都會興奮起來，但過後，那快感就會消失。當然，我需要得到更多的讚賞和滿足感。

大概在一年半前，耶穌有一天來到我們這裏。當我在廚房裏備餐的時候，我心裏很氣。我突然覺得沒有人真正會因我在廚房為他們所做的一切而感激我。耶穌和幾個由加利利來的跟隨者，以及瑪利亞，都坐在一起。當時，他們就坐在這個房間裏，聽耶穌講道。他們安坐那裏的時候，我為何要在廚房勞役自己呢？難道他們不知道我同樣在做一些很重要的事情嗎？眼見瑪利亞與他們坐在一起，真叫我感到討厭。她早該來幫我的忙，預備食物，而不是一味的去思量所聽的道，沖昏頭腦。

後來，我快步走到他們那裏。當時，耶穌剛剛講完一個故事，眾人都在笑。我打斷他們的笑聲說：「耶穌，你看我，自己一個人在廚房悶熱著預備晚餐，忙得不可開交，而瑪利亞就悠然自得地在這裏坐著，請吩咐她來幫忙，不然，我們沒飯吃啦。」

如果，他們聽完我的話就大笑起來，我並不會感到意外。但是，其他人還未開口說一句話、瑪利亞還未站起身來以前，耶穌就開腔了。

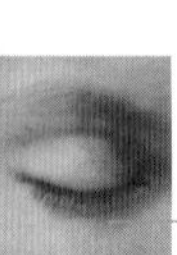

他很關切地望著我，說：「馬大，馬大」，他說話時的聲音如今仍在我腦中回響。「你為許多的事思慮煩擾；但是不可少的只有一件；瑪利亞已經選擇那上好的福分，是不能奪去的。」

我對耶穌說話的時候，我期望他會很快給我一個回覆。我原以為他會吩咐瑪利亞來幫我。唉，我早應該知道他會有這樣的反應。他自然知道，這個問題對於我來說是很重要的。但事實上，他的話觸動了我的心。當時我是如何過著我的日子的呢？我覺得有價值的東西又是些甚麼？他的話擊中了我與神之間的關係是怎麼樣的這個核心問題。

我感到一陣暈眩，幾乎喘不過氣，就坐下來。耶穌轉身，繼續回答先前的問題。我現在已記不起他以後說了些甚麼，但我已經覺醒到，我其實也可以與他們坐在一起的。我可以提問、懷疑、細心思考和學習。我是可以選擇那上好的福分的。

如果我們簡單吃一頓，世界仍會繼續轉動。而我也會學習過著沒有別人讚賞的日子；我也用不著抓狂似的去努力證明自己有甚麼過人之處。結果，我坐下來，感到有點虛弱，但心情是輕鬆歡暢的，因為我的擔子已經脫去了。在耶穌的面前，我就是可以這樣，我做到了。

試問有多少女性曾經因為神令自己入廚的時候分心，就把他掃了出廚房而錯過與神親近的機會呢？[4]路加把這個故事記下來，實在是太美了。在這個故事裏，我們很容易會得到一個假象，以為只有那些重大的教義性問題才會引起耶穌的注意。但是，耶穌明白女性在履行她們的職務時所要面對的壓力，他(及路加)亦很嚴肅地處理了這次事件。耶穌向馬大、瑪利亞、以至所有女性所作出的呼召是：要看重她們作主門徒的身分，並把它放在首要的位置。

我那天煮的扁豆燒焦了……結果給大家引為笑話。事後，瑪利亞和我再談及這件事的時候，我感到自己真的很愚蠢，竟然會一直冀望能藉自己的廚藝來給耶穌留下好印象！

馬大搖頭，繼續說：

每當我感到煩亂，就好像在剛過去的幾天裏，我也是感到心煩意亂，心裏就很想去做一些料理飯食、大掃除等類的事情……

我很後悔自己昔日把本來可以坐在耶穌腳前的光陰，都花掉在烹飪上，我的後悔到底有多深，實在說不出來。我想，我們從不會明白，我們在世的日子，不一定能夠做一些真正重要的事。

過了午夜時分，馬大站起身來，進到廚房去。不到幾分鐘，她就帶著一籃餅回到房間裏。她跪在蓆子上，把餅大塊大塊的分給其他人。米利暗遞一塊給耶穌的母親，馬利亞搖頭嘆息。

他要我們捨棄我們最寶貴的東西……

今天早上，我發覺自己很渴望能夠見到以利沙伯。[5]自從她離世以後，雖然我都一直非常想念她，但我也慶幸她不會面對我們今日所面對的事。

倘若我以前從以利沙伯身上，曾好好學習她在捨棄自己的兒子的經歷裏，如何面對她的痛苦，或者我在過去的幾個月裏，就不會感到那麼難受。

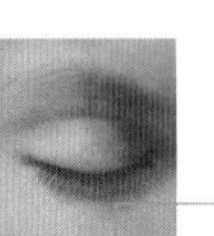

以利沙伯沒有任何宏願，她只希望擁有一間小房子，有自己的兒女。她與撒迦利亞結婚以後，每個月所感到的失望，已經由一種內心隱隱的刺痛漸漸演變成一種妄想。她連一個小嬰兒也怕去望一眼，可見她是多麼渴望有自己的孩子。她就是這樣受著折磨，一直過了二十年。後來，她告訴我，她覺得神是要藉此來審判她一些隱而未現的罪。她跟我說這番話的時候，我還是一個小孩子。她開始變得迷信起來。她為了彌補她所犯的過錯，她承諾，只要神應許賜她一個兒子，她甚麼事情都願意做。

但縱使在耶穌和約翰還小的時候，以利沙伯已經清楚看見，作母親的部分代價就是要犧牲自己的骨肉。[6]她一方面既知道約翰並非凡人，另一方面也要與自己的幻想搏鬥。她幻想，約翰終有一天會在村裏遇上一個好姑娘，她不單能夠忍受他的缺點，而且約翰也會安定下來，建立一個小家庭，做個好爸爸，好分散他的注意力。

以利沙伯告訴我，約翰後來開始傳道生涯。他宣告真理，把人正正需要聽的話都宣講出來。當時，以利沙

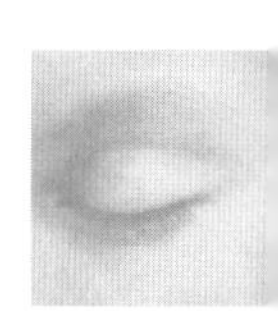

伯既感自豪又感害怕，我從她說話的聲音可以聽得出來。不到幾個月後，我就聽見希律把約翰下了監。以利沙伯因約翰下監的事開始精神錯亂，再加上她聽見人沒完沒了地談起耶穌的事，都對她造成了傷害。

當以利沙伯知道希律把約翰斬首，她非常難以接受。女人都知道失去自己的孩子是怎樣的一回事。然而，以利沙伯早已把自己的寶貝兒子獻給神；她感到約翰為神所用以後，被神丟棄了，最後被囚在監牢裏，遭到可怕的殺害。

我們在《聖母慟子圖》(*Pieta*) 可見，馬利亞把耶穌的屍體抱在膝上，為她兒子的死而受驚恐。

我覺得，要忍受捨棄自己孩子的痛苦，一點也不會比以利沙伯所受的來得容易。

但是，馬利亞起先是因為耶穌的言行而受了驚嚇。耶穌要求她不要只顧做他的母親，因他對她還有更多的要求。[7] 為甚麼馬利亞以前會忽略這一點呢？

耶穌那次在拿撒勒講道以後的幾個月，我覺得自己的身體已經健壯了不少，可以與幾個朋友一起上迦百農去聽他講道。我們到迦百農的時候，他正在講道的房子已經擠滿很多人，我看也看不到他。人羣中，有人認出我並問我是不是他的母親。我點頭說是。的確，我就是他的母親。那些人低聲傳話，並開始讓一條路給我進去。

有人大聲叫耶穌，告訴他，他的母親在外邊等著要見他。

耶穌看也不看我，就望著四周的人，對著一班陌生人說，他們就是他的家人。他說，聽了神的道而遵行的人，就是他的母親，他的兄弟姊妹了。

我的臉開始發燙。我感到又尷尬又氣憤。難道我為他洗衣服、煮東西給他吃、他還小的時候生病了，我一整夜搖他入睡、維護他，使他不受其他小孩的嘲笑，這一切對他來說，原來都是徒然的……

馬利亞，你為了你兒子的生命，把你自己的生命全然擺上。在你所處的文化背景，並在其後眾多的文化背景中，都把你的奉獻視為神給女性的最崇高呼召。但是，耶穌卻向你重提這個呼召，他剝奪了你循那個方向去尋找你是誰的答案，削去了你循這個途徑去認識你是誰的真相。你必定感到暈眩，失去了平衡。

為甚麼他硬要取去我的一切所有呢？像以利沙伯一樣，我覺得自己已經沒有求甚麼了，但他就連這個也不肯給我……

兩星期以後，我的心仍隱隱作痛。我希望耶穌會來看我。我沒有期望他會來向我道歉，我只想他來看看我，就已經很心滿意足。他不但沒有來，反而有一天晚上，約瑟聽到耶穌教訓人之後，回家對我說：「馬利亞，我有些事情要告訴你。」原來耶穌一直在迦百農傳道，有個女人曾經大聲對他說：「懷你胎的和乳養你的有福了！」

這話使我的心跳加速。人用這樣的話來讚賞一些突出人物的母親，我們也有聽聞。我內心的喜悅一定已經在我臉上流露出來了。不過，約瑟很悲痛地搖頭對我說，他希望把這件事告訴我，是因為他不想我從別人口中知道這事。耶穌義正辭嚴地指正那個女人，他告訴她，乳養他的還不如那些跟隨他並獻身神國的人有福。

馬利亞搖頭嘆息。只要她仍有這個榮幸，能靜靜地去擔起做耶穌母親的角色，她仍是可以勉強忍受這個異於常人，叫她痛心的兒子。很多女性都太明白這個道理。被迫在自己和孩子多年以來用心所建立起來的母子關係以外，尋找箇中意義，實在叫人感到恐懼和受創傷。她們被視為懷胎的、乳養孩子的、作母親的和養育小孩的人。馬利亞用雙手掩面。

要放棄那個特殊的位分是我感到最困難的事。在我明白耶穌所說的話的意思之前，究竟我已經失眠了多少個月，我也無法計算。他那句話的意思是說：「不是的，你乃是跟隨神的人，是神的朋友。」這身分比作懷胎的、乳養孩子的還要尊貴。你不是不被看重……而是更加尊貴。但是，要這樣作出改變實在很困難。

昨天，我看見他背著十字架上髑髏地，我明白到他所擔起的重擔，並我從看見神的使者，說「我願聽從」的時候開始，我在這些年間一直所負起的擔子，其實都是同一個擔子。從前，我肩負著懷他的胎、養育他、擔心他的擔子，希望他是討人歡喜而不是惹人討厭的人。要成為一個比當他母親還要尊貴的人，拋開從前，這是一個可怕而冒險的決定。當他背著他的十字掛架，走向死亡的時候，我明白到，在他的死上，我是牽連在內的，因為這個結果是我和他一起作出來的選擇。我作的選擇是向神說「我願聽從」，而他的選擇是向他所傳的道全然盡忠。「繼續走吧，我兒，繼續走……」，我昨天是這樣對他說。我放手讓他向前走去。

每個婦女都坐在她自己悲傷和失落的世界裏。她們在思想，自己向耶穌回應說「是的，我願聽從」這句話，並其中所包含的意思，她們甚至害怕去思想，這個答應可能會有甚麼意思。耶穌的母親拭乾眼淚。

我還有一件事沒有告訴你們。

在天使第一次來到，我答應懷耶穌的胎的時候，那天使告訴我以利沙伯也懷了孕。神賜給我的禮物，再沒有比給我那三個月的時光更好的了。以利沙伯和我一起談及神的慈愛和我們腹中的孩子來，撒迦利亞就靜靜地在房子踏來踏去。

就在我到訪以利沙伯的家的頭一天，神就向我說話，告訴我耶穌為甚麼要生下來。到現在我還記得很清楚。[8]

當我和以利沙伯一同站著，我似乎清楚看見，神臨到像我這樣的一個人身上，他奇妙的作為就顯明出來了。我知道別人會因為神在我身上的作為而視我為一個幸運的人。我知道神對他忠心的子民是信實的……

馬利亞有點遲疑，然後又繼續說：

我不確定到今天還有誰會說我是有福的。的確，神的信實在當時似乎是清楚可見，而且一直也沒有變改，但是……

那一天，我感到他是說，神差彌賽亞來，是要趕散那些心思狂妄的狂傲人，他又叫有權柄的失位，這看來就是如此。他叫卑賤的升高，叫飢餓的得飽美食，富足的卻要空手回去。

如今，我回憶這些話，也不知還可以想到些甚麼，但這些年來，我一直把這些話記在心裏。

註釋：

1. 參路加福音四章16至30節；馬太福音十三章54至58節及馬可福音六章1至6節。
2. 參路加福音七章11至17節。這個時期的猶太人認為，當寡婦是不光彩的，也是一種羞辱（賽五十四4）。根據Swidler所著的*Biblical Affirmations of Women* (Philadelphia: Westminster, 1979)，拿因的寡婦「按當日的習俗，導致她兒子早死（耶穌稱呼他少年人）的原因是她的罪。」（頁215）
3. 參路加福音十章38至42節。
4. 莎雅絲（Dorothy L. Sayers）在她的文章 "The-Human-Not-Quite-Human" 有以下的評論：「神固然有他的心意，但是教會卻不願意承認。我想，我從來沒有聽過一堂講馬大和瑪利亞的故事的道，不是試圖以某種方式、或在故事的某處地方，將經文解離原文的意思。瑪利亞所揀選的固然是上好的福分，因為主是這樣說的，而且我們也不可以反駁他所說的話。但我們也得小心，不能蔑視馬大。我們不能否認，耶穌也同樣讚賞馬大的。我們不能沒有馬大，而事實上我們必須承認（我們向來只會口裏說聽從神所說的話），我們必須承認我們很喜歡馬大。因為她實實在在做了女性所做的工作，而瑪利亞的表現只不過是與其他門徒（男或女）差不多。所以，馬大所做的是一項很艱巨的工作。」（摘錄自*Are Women Human?* Grand Rapids, Mich.: Eerdmans, 1992, pp. 46~47）。

5. 參路加福音一章 5 至 25 、 39 至 45 節。

6. 參路加福音三章 19 至 20 節；馬太福音十四章 3 至 12 節。

7. 參路加福音八章 19 至 21 節，十一章 27 至 28 節，十二章 49 至 53 節及十四章 26 節；馬太福音十二章 46 至 50 節及馬可福音三章 31 至 35 節。

8. 參路加福音一章 46 至 55 節。

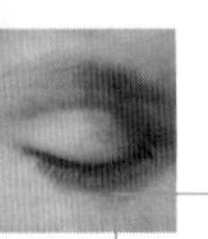

個人思考問題

1. 在這一章，這些婦女正要努力面對一些問題，她們所面對的問題在某程度上也是很多女性所會面對的掙扎。她們要放棄一些人看為好的東西，和一些社會經常強加於她們身上的期望（例如：馬大覺得她要謹守款待客人之道；馬利亞對她兒子的愛等等）。雖然女性可能尤其會在這幾方面受到試探，但是這些其實都是一些表徵，因為無論在哪一個時代，人都會容許外界的東西來決定自己的身分。在你生命裏面，是否在某些方面，你曾經受到引誘，要在你的家庭、你的兒女或你的工作上等範疇「尋找自己」呢？

2. 花一點時間去思想一下，如果耶穌現在要向你說話，談談你所思慮煩擾的事，他會對你說甚麼呢？如果耶穌向你說話，好像他對馬大說話那樣，他會說甚麼呢？他會說：「〔你的名字〕，你為________思慮煩擾，但不可少的有一件。」有甚麼東西是不能奪去的呢？

3. 花一點時間思想耶穌的母親馬利亞的經歷，她需要學習的東西是甚麼？你能想到在你的生命裏出現的一個情況，跟馬利亞的例子差不多的呢？神呼召你去做的事情又是甚麼呢？

小組討論問題

1. 與男性相比(反之亦言),有沒有一些罪是女性(男性)較有傾向會犯的,或一些東西是女性(男性)較有傾向把它們奉之為偶像之物的呢?正如個人思考問題第1題所討論的,你曾否也有過一種被拉扯的感覺,叫你在其他方面「尋找自己」,那種感覺是怎樣的?請分享你的答案。

2. 相對大概與福音書時代同一時期寫成的其他文本,福音書寫了很多關於婦女的故事,這些故事的內容對男性來説,相對地沒有那麼重要。在這一章裏(以及在福音書的記載),我們從人物的內心出發,去看她們在某些時刻的內心世界:在馬利亞的生命、在馬大和瑪利亞的家裏、在以利沙伯的生命裏。為甚麼這些故事會記載在福音書裏呢?

3. 很多偉大的基督徒教師和默觀者(或神祕經驗者)的作品都寫到揚棄自己一些東西對基督徒成長是非常重要的。在這一章裏,耶穌的母親馬利亞和馬大都要放棄一些不一定是壞的東西。你如何理解在這兩個女人生命中的呼召?你如何感到這個呼召在你的生命中出現,分享一下你在個人思考問題第2及第3題的答案。

■第六章

耶穌的教訓與馬大的妹子瑪利亞

耶穌的母親所說的話已經牽動了那些婦女的思緒。這些話好像一些要人用心思量的話，是她們從來沒有聽過的。這些話也可以解釋在過去幾個星期所發生的事。她們正坐著的時候，一盞燈發出劈里啪啦的聲音後熄滅了。抹大拉的馬利亞說：

馬利亞，我們今天已經消磨了不少時間，如今夜已黑，我們知道他的作風是升高我們，把我們這班社會的低下層抬高起來。至於那些自高的人，他就驅散他們，也告訴他們，他們並不如他們自己想像中那麼好。

抹大拉的馬利亞希望她自己明白的事，其他人都能夠明白。她們聽過他母親在很久以前所領受的話之後，就能明白耶穌在最後一星期所講的教訓。雖然耶穌釘十字架的時候，她們全都在那裏，但是，耶穌與耶路撒冷的宗教領袖在聖週(復活節前一週，後來被稱為聖週)抗衡後的一星期裏，她們當中仍有很多人並沒有與他在一起。她說話的時候全身顫抖。

在最後的星期，他所有的教訓都是指著那些高傲和有權位的人說的。[1]他告訴他們，他們只洗淨杯子的外面，裏面卻仍是污穢的。他稱他們為無知的人，因為他們將香草獻上十分之一，卻把公義和愛神的事忽略了。耶穌感到憤怒，因為他們把難擔的重擔擱在人的肩上，自己卻從不肯去幫忙，連一個指頭都不肯動。他向他們大聲疾呼，因為他們把知識的鑰匙偷去了，不讓那些要進去的人進去。他說，他們不但不為自己費心，怎樣可以進到神的國，還攔阻那些正要進去的人。耶穌猛烈批評他們，說他們從前殺害先知，現在又準備重蹈覆轍。他告訴他們，稅吏和娼妓也比他們先進到神的國。[2]

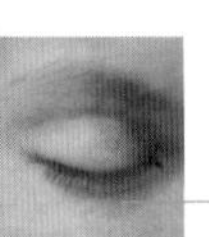

我還小的時候，我父親告訴我，我們的信與外邦人的信的最大分別在於行道。外邦人的信仰只求他們相信就可以，但是，我們被召，乃是要活出我們所信的道，即使在我們的信仰衰微的時候，我們仍是堅信不移。不過，耶穌也曾說過，一個人在相信的時候，他的信心仍有可能會萎縮，而他仍可以很慣性地繼續遵守誡律，死守下去……以致最終失去信仰的重心，無法挽回。

馬利亞，耶穌正正做了你剛才提到的事情。他升高那些無助的人，驅散那些自高的人。上星期有一天，有些文士想找捉耶穌的把柄，就來提醒耶穌說，按摩西在律法上所吩咐的，一個正在行淫之時被捉拿的婦人，是要用石頭打死她的。[3]他們帶著那個可憐的女人來，把她推倒在地上，正在耶穌的腳前，他們用幸災樂禍的目光盯著她，注視她設法遮掩自己赤裸的身體。他們還在那裏的時候，耶穌沒有轉去望她一眼。他在地上畫字，然後很安然地說，凡是沒有犯罪的，都可以先去向她擲石頭。一片死寂無聲的場面令人感到震驚。結果沒有一個人能夠上前去擲石頭。耶穌在文士離開以後才轉身看那婦人。「那些人在哪裏呢？」他問。「都走了。」她說。「我也不定你的罪。去吧！從此不要再犯罪了。」他對她說。

我很喜歡耶穌那個做法，但也感到非常害怕。我從那些文士的眼裏看到了他們心中的恐懼。當有權勢的人感到害怕的時候，弱者就要顫抖起來。感到受威脅的強者是無人可以招架的。這個我十分清楚。我可以看出，他們的恐懼使他們硬著心腸，心裏起了苦毒和痛恨，而且是不會消除的。

上星期的頭一天，我很希望我的不祥預感不會成真，但是，我這個願望只維持幾個小時就消失了。我認識耶穌，知道他就是我生命的意義，他就是愛、是良友，是神所應許的那一位。忽然之間，耶路撒冷全城的人好像都認出他們的拯救者。[4]

我們看見耶穌騎著驢駒，恰恰與先知所預言的基督一樣。我們所有跟隨他的人，以及其他成千上萬的人，都在街道的兩旁排開，高聲歡呼，又揮舞樹枝，他們把自己的斗篷鋪在地上，給耶穌的驢駒走過。我退開幾步跟著他走，只要我可以，我就大聲呼叫，但大部分時間我都無法言語。

「和撒那！」

「奉主名來的是應當稱頌的！」

「在天上有和平；在至高之處有榮光！」

我激動得哭起來，因我最害怕的事已經一掃而空。現在，耶穌可以開展他的新國度，他終於被擁戴為彌賽亞了。

後來，我觀看那些法利賽人。他們站在一旁，面如死灰。他們當中有兩個人在人羣中間擠了過去，「夫子，」其中一個對耶穌說，震驚和憤怒把他的臉扭曲了：「吩咐你的門徒停止，你不可以任他們這樣做。」

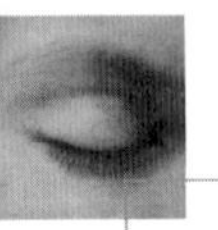

耶穌望著他們。「我告訴你們，他們若是閉口不說，在你們身邊的這些石頭也必要高呼起來。」兩人轉身就走，因憤怒而臉色蒼白。耶穌正把那些傲慢的人從他們的位置推下來。我開始顫抖起來。

我們繼續向前走，到了一個可以把耶路撒冷的美景盡收眼底的地方。[5] 耶穌停下腳步，我們觀察他的動靜。我們想，他會做甚麼，或說甚麼呢？令我們感到愕然的是，他竟然哭起來。猶大站在我後面，開始感到不耐煩地說：「他要怎麼啦？現在，人人都為他歡呼，要擁他為王了。這是時候擺出一副弱者的表現嗎？」

耶穌開始向耶路撒冷這個城說話：「巴不得你在這日子知道關係你平安的事！無奈這事現在向你是隱藏的，叫你的眼看不出來。」他發怔地望著遠方，好像有另一個時空把那一刻從軌道上推了出去似的。他接著說，在耶路撒冷四面興起的敵人要欺壓他的百姓，城裏連一塊石頭也不留在石頭上……很恐怖，這些事都要發生，因為百姓不肯相信神已經臨到他們。我感到心寒，好像我的心已經結了冰似的。耶穌剛才說甚麼？有人又再高呼起來，我們於是繼續向前走。

自此之後，兩派之間的衝突加劇。[6]我們在聖殿裏，一面看見文士、法利賽人和撒都該人，就是那些有權勢的人，一面看見貧窮人和不幸的人被兑換銀錢的人欺詐……在此之前，我已經見過耶穌生氣的樣子，而且我們所有人都見過，當他看見一個無助的人被欺凌的時候那生氣的樣子。但我從不曾見過他激怒的樣子。我看見耶穌推倒那些兑換銀錢之人的桌子，那些人當時的神情，他們倉促搜索銀錢，直往殿門逃跑……耶穌怒吼：「經上記著説，『我的殿必稱為萬國禱告的殿。』你們倒使它成為賊窩了。」那些宗教領袖把一切都看在眼裏，他們憎恨的目光燃燒起來。

往後是一連串的爭辯。[7]那些宗教領袖一個接一個的來打擾耶穌，他們問他很多的問題，而且每一個都是難題，令眾人聽了感到不安，嘀咕起來。他們來，不過是要聽耶穌的教訓罷了。但是，耶穌要如何回答才不會受窘呢？他們故意刁難他：「哪一條誡命是最大的呢？」「你仗著甚麼權柄教訓人？」「我們該納税給該撒嗎？」「若一個婦人有七個丈夫，當復活的時候，她是哪一個人的妻子呢？」「誰是大衛的子孫呢？」但耶穌都一一回答了。

耶穌的應對非常出色，聽見的人無不歡呼喝采。「説得好，耶穌。棒極了。」但是，耶穌沒有就此作罷。我很想再三大聲喝著他：「耶穌，夠了。你毋須一下子把整個世界都修正過來。別再管他們好嗎……」他告訴他們，他們有禍了，因為他們教導別人，自己卻不遵行；又喜愛得人看見，受人稱讚；既喜愛會堂裏的高位，又喜愛人在街市上問他們安。他説，他們侵吞寡婦的家產，並作很長的禱告，但言之無物；他們精心保留一些刁鑽的規條，但忘記遵行公義和憐憫的事。那個盡心討神喜悅的窮寡婦所行的才稱得上為義。羣眾聽了都歡呼喝采，那些法利賽人卻面有慍色，一直冷眼旁觀，聽著耶穌所講的每一句話。[8]

有一次，約翰告訴我，原先有法利賽人出現的時候，是因為他們要行道、守誡律的時候，這就是表示他們要煉淨信心，使它更加純正、更加聖潔。但當他們當權得勢的時候，不知怎的，他們卻無法放棄他們的權位。他們不但不向人施予援手，也不接受他人的意見。當我留意他們，聽他們爭辯的時候，我了解到，我們所犯的錯誤到底出在哪裏。我說我們的意思，是指著全人類。我們開始拘泥在小節上，又將這些東西成文化、神聖化，直到我們把它們通通牢記在心，這就是我們的罪的癥結問題所在。我們好管雞毛蒜皮的事，因為它們在我們可以控制的範圍之內。我們把信心、生命、愛和真理的中心都忘記了，因為它們都超出我們能力可以控制的範圍。當我想到，即或是耶穌所講的道，也可能有一天會變成一種宗教毒藥，被利用來攻擊人的時候，我就感到很可怕。

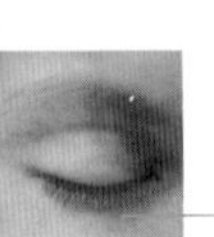

這些爭論開始在我腦中縈繞，叫我難以忘記。我一再記起耶穌所講過的話。他說，他要上耶路撒冷去，因為先知都是在耶路撒冷被殺害的。所以，我們一直留在耶路撒冷。

耶穌最後說了一些話，似乎為他的死埋下了伏線。「你們不是看見這些殿宇嗎？」他指著聖殿說。[9] 唉，你們怎麼可能看不見這些建築，這些在午後陽光下金光閃耀的殿宇呢？它們屹立在那裏，正如它們是早已在那裏，而且會一直屹立在那裏，直到世界的末了。他說：「將來在這裏，沒有一塊石頭留在石頭上，不被拆毀了。」那些宗教領袖彼此對望，從他們的眼神裏，我感到結局在那一刻就已經來到。耶穌繼續教訓人，告訴他們世界末日的預兆。他說的不錯：我的世界快要終結了。他好像已經開始愈扯愈遠，最後我也再難明白他所說的話。他說話的時候，連日頭也好像變黑了，天也起了寒意。我得設法做一點事情，不管做甚麼事情也好，總之要阻止他們殺害耶穌。我實在無法再聽下去了，我得快快離開。

此時，抹大拉的馬利亞已經筋疲力盡。她開始的時候，懷著興奮的心情複述最後一週所發生的事，並耶穌母親的話與耶穌的生命如何緊扣在一起。但是，他們在耶路撒冷最後的幾天裏，所經歷到的那份恐懼、害怕、衝擊和無力感如今又使她的心沉重起來。她軟弱地跪在地上痛哭。

耶穌結果還是死了。神要如何處置我們呢？我們不單把許多的先知殺害了，如今還殺害了神所差來的基督——我們的拯救者。[10]

約亞拿說：

我們都問過同樣的問題：「他怎麼可以死的呢？」但是，真正的問題可能是：「好人活在世上的日子怎麼可以這麼短？」

撒羅米環視眾婦女，語調絕望地說：

百姓上到他釘十字架的地方圍觀，看見他受苦就嗤笑他，對他大聲喊著說：「喂，我還以為你應該是個了不起的傢伙？！」

「別人的事，你這麼幫得手，為甚麼你不幫幫自己呀？」

「你的異能哪裏去了，老弟？！」

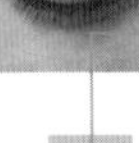

「現在是你的大好機會啦！來！證明給我們看，你就是彌賽亞嘛！從十字架上跳下來！」

他們又觀看兵丁把他釘在十字架上。他們折磨他的時候，他是那麼的無助又無力。當兵丁搖晃著十字架，把它豎起來，揳在地裏的時候，其中一個嘲笑他說：「王啊！王，作王是甚麼滋味，你現在知道吧！」

抹大拉的馬利亞掩著她的臉：

三個小時……三年……三生三世……天真是變黑了嗎？還是因為我的眼睛已再受不了更多的痛苦……是我的眼睛瞎了嗎？或許陽光已永遠不再一樣……

我的世界已經是無光的世界……他的尖叫聲響徹我的世界：「我的神，我的神，你為甚麼離棄我？」

時間繼續呆著，房子已感清冷，並已進入夜裏最寒冷的時分。抹大拉的馬利亞搖頭道：

在十字架的時候，約翰不停地啜泣。他說，他們都很害怕，而且，不知怎的，他們先前竟沒有想到耶穌將會死。約翰覺得自己已經沒有機會做耶穌的朋友，在他需要自己的時候支持他。

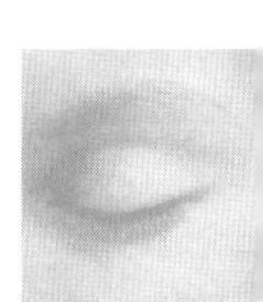

約翰告訴我，在他們吃逾越節的晚餐的時候……耶穌洗他們的髒腳，又告訴他們，他們將要吃他的身體、飲他的血，並且要得著生命。那時候，我們站在十字架下，看見他皮開肉爛，鮮血淋漓，生命逐漸枯竭，慢慢從他身上逝去……

馬利亞的抽泣逐漸隱沒在微弱的哭聲中，這是對傷感最好的表達方式，而且應該與她們當時的感受十分一致，但不知怎的……這很配合當時的情景。耶穌的言行使他成為一個危險的激進分子、一個革命家。他是必死無疑的。但是，基督怎麼可以死的呢？

約亞拿再度開腔：

我們原知道，舊皮袋根本是裝不下新酒的。我們都希望相信，彌賽亞是必定會得勝的。但是，耶穌曾經說過，一粒麥子不落在地裏死了，它只會仍舊是一粒。所以，誰是最大的，他也是最小的。

羅大終於打破她良久的沉默：

不錯，我們原是知道的。我們都知道，我們要與他一起完成這最後的旅程，在他死的時候陪伴著他。

呂底亞也不得不開口說：

是的，我們知道，因為我們的個別遭遇、生命給完全翻倒過來，整合而成為這個故事的其中一部分。

約亞拿點頭。

絕對正確。神揀選了一對卑微的夫妻成為彌賽亞的雙親，又使他生在一個籍籍無名的小城。要成為神家裏的一分子，即或是最偉大的夫子也必須重生，像小孩子一樣。那些貧窮人、謙卑的人、溫柔的人得著生命；那些富足的人、狂傲的人、自滿的人就喪掉生命。這是一個角色的逆轉，即如夫子為門徒洗腳一樣。

抹大拉的馬利亞轉身，臉上仍有淚濕，頭髮纏結一團。她把頭髮往後撥，再把它結起來。

這是非常重要的。當耶穌的生命在你裏面激勵你的時候，神賜給你甚麼話呢？

耶穌的母親再唸起那些話來：

他叫飢餓的得飽美食，叫富足的空手回去。他叫有權位的失位，叫卑賤和溫柔的人升高。

抹大拉的馬利亞點頭。她希望把這些話都緊記著，

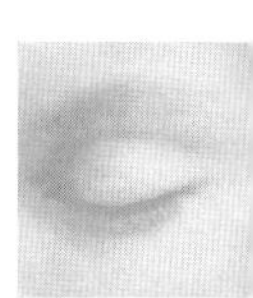

為要在往後的日子提醒自己，就是在那些要比今天的日子還要惡劣的日子，那些日子會拔除人一切的信念……

馬大的妹子瑪利亞移步踏進圈內，燈光正落在她身上。瑪利亞是個寡言的人，她在這些婦女中也甚少説話。她是那種不敢向別人多言的人，生怕這樣會令自己失去朋友。

輪到我發言了。

在最漆黑的夜深，瑪利亞開始訴説她的故事。[11]

耶穌來探我們，每年都好幾趟。他每次來的時候，我都感到道在我裏面發旺成長，我愈聽就愈明白，而且信心漸長。因為我們照顧他，我想，在那個時候，我是相信他是屬於我們的，是家裏的人。説不定這裏每一個人都這樣想。我覺得自己從來沒有愛過一個人比愛他更深。

一年前，耶穌在節期過後就與我們告別，度到約旦河那邊去。他才走了幾天，拉撒路就病倒了。我們等了一日一夜，心想他的病會有好轉的機會，但他的高燒反而愈來愈嚴重，而且咳嗽得很厲害，開始神志不清。他跟媽媽爸爸説話，好像他們尚在人間似的。

我告訴馬大，我很害怕，我覺得拉撒路快要死了。我問馬大，我們應該去找耶穌回來嗎？她同意我的想法。於是，我們差村裏的一個人去找耶穌，告訴他拉撒路病了，請他可否儘快回來一趟。

我們知道，那個人要找耶穌並不困難。因為我們隨處都可以打聽得到耶穌的行蹤，而且知道在哪裏可以找到他。

我們便開始等他來。等待：太陽彷似緩緩地攀上高空，掛在我們的頭頂上，然後踽步蹣跚，從天的另一邊落下去。接著是漫漫長夜……我感到自己好像一隻蟄伏的動物，躲在自己的洞穴，努力減慢自己心跳的速度。這樣，時間流逝所造成的傷害就不會太大。

第二天，我們差出去的人回來告訴我們，他已經把我們的話轉告了耶穌。「他有沒有回話？」馬大問。那人搖頭說：「他看來並不急著趕回來。」

馬大把這個消息告訴我的時候，我正陪在拉撒路身旁。拉撒路當時胡言亂語，顯然病得很厲害，馬大的話猶如給我一記耳光。耶穌愛拉撒路、愛馬大、也愛我。他怎麼可以表現到一點都不著急呢？

拉撒路呻吟起來，並且大聲叫喊。

「若耶穌在這裏……」馬大說：「或許，他知道拉撒路的病差不多會好起來……又或者他會為他祈禱，那麼，拉撒路就會好起來……難道你不記得約翰告訴我們，那個千夫長的僕人得到醫治的事嗎？」

「馬大，拉撒路的病情並沒有好轉。他快要死了。」

馬大彎下身靠在我旁。拉撒路在牀上輾轉反側，四肢亂是不停揮動，又發出痛苦的尖叫聲，有一個小時或更長的時間。之後，他作個深呼吸就倒在牀上，再沒有動靜了。

馬大和我坐下來。我不記得我們坐在那裏有多久，我們都沒有言語。我們的小兄弟……後來，有一個僕人進來……一看見我們就哭起來。馬大開口說話，或者她是對那僕人說的，又或者她並不是對誰說：「耶穌若早在這裏，拉撒路必不會死。」

我一句話也答不上來。拉撒路死了，和耶穌沒有來，這兩件事哪一件事比較糟呢？到底是甚麼使我們有耶穌愛我們這個想法的呢？

亡者死後幾天，生者總是迷迷糊糊地過，那感覺是怎樣我們最是了解。預備死者的遺體下葬，並準備香料。我們預備好安葬拉撒路的墳墓，然後把他放進去，並由城裏的拉比誦讀妥拉。耶路撒冷的百姓聽到拉撒路的死訊，都出來與我們一同為他舉哀，我們的房子都擠滿了悲慟與哀哭的人。我當時為甚麼沒有眼淚，我真的很難給他們解釋。為了拉撒路，或許我早已經哭出來了，但是，若為我心裏更深的悲哀……

每次有人朝我們家走過來的時候，我都會抬頭望過去，心裏撲通地跳，希望到來的人就是耶穌，但又希望不是他。那天，他沒有來。隨著每一次等待的失望，我的心好像逐少地結成冰塊似的，直到只剩下一小片心肌繼續跳動。他怎麼可以不來？我一再跟自己說：耶穌或者是個偉大的行異能的人，而且，人人都知道他是一個出眾的夫子。但是，所有關乎愛的話……太美好了罷。我以為自己是誰呢？

馬大不停地重複說：「耶穌若早在這裏，拉撒路必不會死。」我很想對著她尖叫：「不錯。但是他已經不在這裏。他根本不在乎。不要再傻瓜一樣的喋喋不休啦！」我就不再說話了。

瑪利亞因情緒激動起來，說話也突然中斷了。馬大的話填補那沉默的空間：

與其說感到憤怒，不如說我當時是覺得很困惑。我好像覺得有些東西在甚麼地方出錯了。或者他來遲了是有他的苦衷的。我猜，我當時只是想說服自己，叫自己不會困惑，才會重複說那些話。後來，有個僕人走進來，當時我和瑪利亞都在廚房，那僕人告訴我們，耶穌快來到我們這裏了。瑪利亞聽了搖頭，仍坐在本來的地方。我丟下洋蔥，身上仍穿著圍裙就跑了出去，在從耶路撒冷過來的路那彎曲的地方找他。我一看見他就停下腳步，望著他說：「主啊，你若早在這裏，我兄弟必不死……即使現在……」

耶穌握著我的手，對我說，我的兄弟必會復活。我說：「當然，我知道在末日復活的時候，他必復活。」我只是很機械地重複我兒時所聽過的真理。我知道這話並不再真實了，因我感到自己好像永遠不會再見到拉撒路似的。[12]

但是，耶穌打斷我的話。他說：「復活在我，生命也在我，信我的人，雖然死了，也必復活。凡活著信我的人，必永遠不死。」

馬大環顧眾婦女，眼淚盈眶：

凡活著信我的人，必永遠不死。這是他所說的話。他問我是否相信這話。他這一問，似乎是要叫我大步跨出去，從相信某些事情可能會在將來的某一天發生，到認識耶穌就是生命、就是復活；他是永遠不死的生命、永遠不能消滅的生命。我似是恍然明白過來。

我對他說：「主啊，是的，我相信你就是彌賽亞，是神的兒子，就是那要臨到世界的那位。」一切看來都清晰了……

還有幾個小時長夜將盡，這些婦女對這些關係到生與死的話聽起來有何感覺呢？她們甚至全都聽不明白。馬大哭起來，看上去她好像說了一些褻瀆的話似的。

我怎麼可以連這一點都搞不清楚呢？

她噓下幾口氣繼續說：

他向我微笑，好像在說，我是個乖巧的學生。他說，我該去叫瑪利亞來。我就跑去找她，見她仍然在廚房裏，與其他婦女在一起，我湊過她的耳邊悄聲說，耶穌來了，現在叫你。

瑪利亞望向遠處回想往事，她把袍子圍著自己，然後說：

我根本不想去見他。假如一定要我去，我寧願一個人去。不過，其他哭喪者以為我要去墳墓那裏，就跳起身來跟著我。我從未有過如斯的情緒起伏。我因為失去幼弟而精神崩潰，感到身邊的人都很厭煩。不但如此，我也因為耶穌在我們最需要他的時候遲遲不來，所以很是憤怒。我只想一個人，好讓自己能把傷口撫平。

我見到耶穌而暗生怨恨的原因，是因為他其實能看透我的心，並且明白我所有的感受。難道我不可以為自己留一點東西嗎？我弟弟已經死了，我對朋友的信任破滅了，難道，看在神的分上，我連在自己的心靈裏，擁有一點私人空間都不能嗎？

不知過了多少時間以後，我去到他那裏。我無法注視他的臉，就跪在他腳前。雖然我是跪下來，但我的心卻很悲憤，不想屈從，話也說不出半句。我不會告訴你們，當時我到底想說甚麼。我知道當其他哭喪者趕上來的時候，我得說些甚麼來。那刻我能夠想到的，就只有馬大那四天以來一直重複說的話：「主啊，你若早在這裏，我兄弟必不死。」

縱使我脫口而出，說了這句話，我知道它聽起來，好像是我在唸童謠似的。我知道耶穌明白我的憤恨和痛苦，也明白我感到極度的失落。我很想自己堅強起來，保衞所有我在自己心裏築起的牆，不再去想得著神的愛的可能，也不期望耶穌是我可以信靠的人。我的眼淚湧出來。到底我還是不能瞞過他。

我抬頭看著他的臉，雖然我並不想看他。

我知道，他是明白的。

不，他不單明白。而且他的雙眼……流露出一副我從未見過的神情。耶穌看來深感不安。憤怒。我的憤恨在他這種心情下轉淡下來。他發出一種介乎在呻吟與嘆息之間的可怕聲音。那些哭喪者開始痛哭起來。但相比從耶穌的內心深處發出來的悲慟的聲音，他們的聲音就顯得無足輕重了。痛苦就像一道在神心裏割得最深的傷口。

「你們把他安放在哪裏？」耶穌問。

我仍舊伏在耶穌腳前，他扼住我的手臂，慢慢把我扶起來。「他們把他安放在哪裏？」

「從這邊去……請到這邊來……」其他人應著說。一夥人便往墳墓走去。

我們來到墓前，淚水再次洗了我一遍。一個那麼年青、滿有朝氣、活潑開朗的人，怎麼可能躺在墳墓裏，死了？這是不合理的，因為在我們眼前的世界，是一個敗壞的世界，一個破碎、彎曲、砸開了的世界。我們站在陽光下，蔓生的鮮花爬上來，燦爛奪目。耀眼的陽光與百花的芳香竟與黑暗、寒顫與死亡的終局毗連，這簡直就是一種侮辱，一個令人毛骨悚然的笑話。

我勉強把自己的思想套進言語中。世界怎麼可能是這個光景？我轉向耶穌，他的臉濕似我的臉。他凝望擋著墳墓的石頭，淚如雨下。

那些喪哭者也感動起來，他們說過這類似的話：「耶穌實在很愛拉撒路，不是嗎？」「他既然開了瞎子的眼睛，那麼他必能夠做些甚麼的，就可以叫拉撒路不會死於熱病。」

但是，當我注視他，我似乎明白過來。我知道耶穌所流的淚，並不是單為拉撒路而流的，他也為別的原因流淚。他哀傷流淚，不單是因為他失去一個朋友，或是因為我所受的痛苦，而且也為了這個彎曲混亂的世界而悲傷……在這個世界裏，人失去希望、小孩死亡、朋友訣別、貧窮人餓死、罪惡得勝……

耶穌又再呻吟，聲音彷似肩負著一個敗壞的世界所有的痛苦。我的胃又開始作嘔作悶了。

「把石頭挪開。」我因為太心煩意亂，已不太清楚他在說甚麼。馬大扭歪著臉，捉著耶穌的手臂說：「主啊，他現在必已發臭了，因為他死了已經四天了。」他注視馬大，幾乎好像她不在那裏似的。他告訴她，她必要看見神的榮耀。

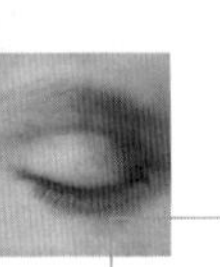

馬大顫抖著示意幾個隨行的人，他們就從人羣中走過去，使力拉開石頭。我們屏著氣觀看，哭喪者的痛哭聲也止住了。剎那間那沉默怪可怕的。

我臉上仍然流著淚，心裏怦怦地跳，幾乎聽不見耶穌的祈禱。他求神聽他的禱告。

他以震動樹木的聲音說：「拉撒路出來！」我們站著。我找著馬大的手，緊緊的握著。然後是一片死寂。接著，我們隱約聽見墳墓裏發出沙沙的聲響，並有人在裏面四處推撞的聲音，然後……拉撒路出來了。他被布條纏著的樣子怪有趣的，在陽光的照耀下，他眨了眨眼睛。他顯然記不起過去所發生的事情，也不知道自己為甚麼纏著布條。馬大和我跑過去，替他把布塊拆開。有誰可曾做過這樣叫人樂透心的事情呢？

我們流著歡喜的眼淚，嘲笑他為甚麼穿著那麼難脱的衣服。他漸漸明白自己發生了甚麼事情，雖然他感到困惑，而且，當他後來談起這件事情的始末時，又好像感到很難說個清楚明白。他說，他曾看見一些怪異的東西……

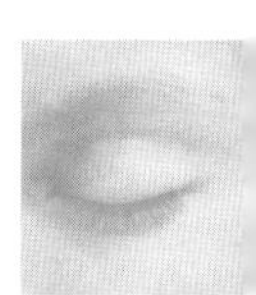

眾婦女默然坐下。最後，瑪利亞又顫聲說。

雖然這些話聽起來會叫你們覺得很不可思議，但是，我從那個時候開始，就已經知道耶穌會死。

自從我看見耶穌在拉撒路的墓前，看見他的痛苦與我的痛苦糾結在一起，看見他流淚，臉上掛著訣別與死亡的陰影……

我們都說，他講的道是我們從未聽聞的，它就如新酒一樣，會使舊皮袋破裂，而且人會想殺害他。但我相信，這只是他的道的其中一部分。雖然，他的事工在昔日很是奇異，但他所開展的事工仍不夠深化。

不錯，叫一個死人復活……甚至三個、四個……都很奇異，但它還沒有觸及問題的核心……痛苦……被隔絕……死亡。

耶穌就是以一個不能置身事外的心腸來看待這個世界。他乃決意走進……痛苦與恐懼的人羣中……成為他們的同行者……並且，把他的光從他們中間照耀出去。

正因為這樣，耶穌必須進入死亡之中。故此，他在離世前所表現出來的生命，完全符合他本來的身分。他從沒有偏離，也沒有離開，而且向來作好準備接受死亡，並愈走愈近，始終如一。

他必須上十字架。我早知道他是會死的，這是無庸置疑的……

瑪利亞凝眸注視，無法去看其他人。

他沒有明白死亡的終局。

她搖頭嘆息，只能勉強把話送到嘴邊。

因為他死後，再沒有人能夠使他從死裏復活。

呆著的沉默縈繞著整個房間。抹大拉的馬利亞終於開腔。

這就是你在那個晚上帶香膏來的原因。

瑪利亞邊哭邊說：[13]

我還可以做甚麼？我知道他很快會死。我只想在我還來得及的時候，讓他知道我愛他有多深。

我把我所有的積蓄都拿出來，就是我亡父留給我的所有遺產。我身上從來沒有帶過那麼多的錢。我上耶路撒冷把真哪噠香膏買回來，雪白的香膏就放在一個很漂亮的瓶子裏面。它是我所見過的東西最美麗的一個。

它之被造就是要被人打破……極盡闊綽的奢侈品……裝潢華麗，卻從被造的一刻便註定要被粉碎……我帶著它回伯大尼的時候，幾乎有點不知所措。

當我帶著這個由異乎尋常地揮霍得來的一件奇異東西，走進那個房間的時候，他們正在討論一些教理上的問題。耶穌看來很疲累，而且心事重重。我走到他旁邊站著，把那個美麗的瓶子拿出來，然後在石地上把它擊破，瓶口立時折斷開來。我把香膏倒在耶穌頭上，屋裏就滿了膏的香氣；一會兒，我幻想自己離開了現實，與耶穌在一起；在那裏，只有我所愛的人和我。當時，我把自己對耶穌崇敬之情流露出來。

那一刻，他望著我。我知道，他知道自己是會死的；他也知道，我是知道的。這對他來說，是一種折磨。我跪下來，把剩下的香膏一併抹在他那雙美麗的腳上，又用自己的頭髮來擦它們……

我不知道，耶穌和我這樣心馳神往有多長的時間。

後來，我聽見有人說話的聲音。猶大不滿地說，錢應該用來周濟窮人。猶大根本不明白。

但是，耶穌明白。他說，他與我們一起的時間已經無多，我那樣做，為的是要在安葬他之先膏他的身體。

瑪利亞垂著頭望著地下，不能言語。但是，馬大當天也在那裏，她告訴其餘的人耶穌後來所說的話。

他說，瑪利亞，無論何時傳這故事，就是他的事迹，也要述說你所作的事，以為記念。

瑪利亞搖頭。

我不明白這些話。

她不願意因為任何事而使她與她們之間存有隔閡。

我才不要。我能夠告訴他，我是多麼的愛他……已經很足夠了……

此刻，所有人都動身舒展一下，有些人搖搖頭，有些人悲嘆。然後，她們說：

「要是……」
「我希望我先前有……」
「我從來沒有真正告訴他……」
「為甚麼我當時不……」
「我愛他……」

瑪利亞注視那些婦女，幾乎害怕起來，她害怕自己破壞了她們那個圈子的人的感情，使她們永遠失去機會去表達她們的愛。痛苦在房子內穿梭，極度的失落，而且帶有幾分嫉妒。瑪利亞說話時的聲音激昂起來。

不。我當時不過是做一些我們所有人都曾做過的事而已。我向他表達我的愛，把自己交給他……你們每個人都做了同樣的事。你們都在十字架下，他死的時候，你們都一直陪伴著他。

從他觸動你們的心的時候開始，你們就已經跟隨他。這都是我們的經歷。縱然日頭已經落下，長夜已經開始，你們仍在今天把自己的經歷一一說出來。

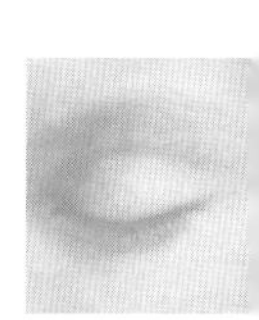

她注視她們，有意地把目光慢慢投向她們每一個人。

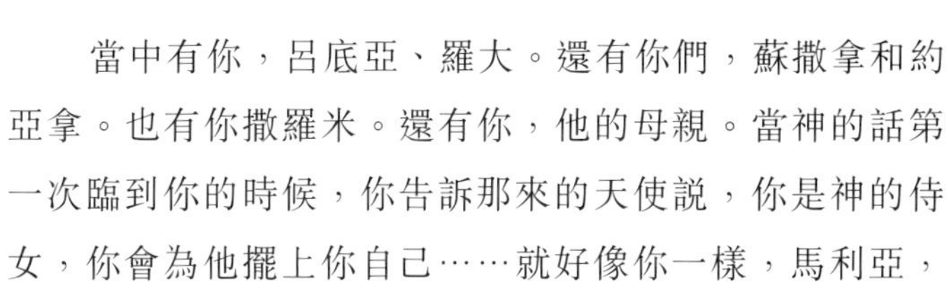

當中有你，呂底亞、羅大。還有你們，蘇撒拿和約亞拿。也有你撒羅米。還有你，他的母親。當神的話第一次臨到你的時候，你告訴那來的天使說，你是神的侍女，你會為他擺上你自己……就好像你一樣，馬利亞，從他釋放你那一刻開始，你就擺上了自己。

而我所做的也是一樣。

眾婦女默然無聲，專注在她們自己的痛苦中。她們彼此對看，好一會兒之後，抹大拉的馬利亞說：

耶穌說，你所作的將要被記念，我想，我是明白他的意思的。他說，你所作的要被傳揚，因為你所作的就是耶穌的生命，還有我們與他一起的生命中最核心的部分。耶穌所說的這個故事的重心是，那些把自己交給耶穌的人，正如耶穌也把他自己給了我們。從前，我們沒有完全明白，但是，我們仍毫無保留地去到他那裏……

瑪利亞說得對……我們所有人都有這樣做。我們每個人打從頭一天開始跟隨他的時候開始……站在他的十字架下……今夜，我們的故事已將這個黑夜歸為聖潔。我們每個人都希望用倒出香膏，觸摸他的方法來交出自己。難道我們有人會不把握最後的機會，用油膏他，告訴他我們愛他，並看他愛的笑容，還會有東西是我們不願意擺上的嗎？

抹大拉的馬利亞朝窗外望去，望著鑲在天際的淡淡光芒。

他已不能聽到我們的說話……他永遠不會再向我們展露笑顏……

黎明很快就會出現。她勉強站起來。

夜已經盡了……大概還不到一個小時以後，黎明就會來。

難道你們不明白……縱使他已經死了，我們仍然可以把自己獻給他。我們可以去膏他的身體。[14]

抹大拉的馬利亞伏在耶穌的母親身上，吻她。她深情地看著她。

請留在這裏，休息幾個小時。待天氣和暖以後，其他人就會帶你去墳墓那裏……

她就動身撿起她的披風。

我要走了，我要伴著他……

她和撒羅米並米利暗站在門口。其他人抑壓著自己沉重的心情，阻止自己把恐懼與渴望喊出來。她們會等待，待心情放輕之後，就會尾隨出去。在她們這些滿有信心和愛的婦女中，沒有一個會知道，她們在墳墓將會遇見甚麼。

抹大拉的馬利亞停下腳步，環顧這個圈子裏的人，對她們所有人說：

不要害怕。我們決不會忘記他。因為愛如死般堅強。

她們帶著香膏和油在黑暗中進發，去膏她們所愛的那一位主。

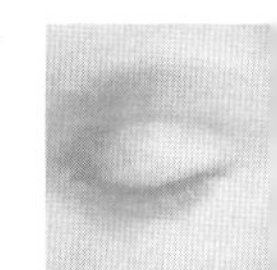

註釋：

1. 參路加福音十一章 39 至 52 節；馬太福音二十三章 1 至 36 節及馬可福音十二章 38 至 40 節。
2. 參馬太福音二十一章 31 節。耶穌經常指著稅吏、罪人和妓女說話。我們必須緊記這些人「不只是一羣在道德上應該受到譴責的人，也是一羣極貧困的人，為了生活而不得不從事一些『可恥』的行業。」(Elisabeth Schüssler Fiorenza, *In Memory of Her: A Feminist Theological Reconstruction of Christian Origins*, New York: Crossroad, 1983, p. 127.)
3. 參約翰福音八章 2 至 11 節。
4. 參路加福音十九章 29 至 40 節；馬太福音二十一章 1 至 9 節及馬可福音十一章 1 至 10 節。
5. 參路加福音十三章 34 至 35 節及馬太福音二十三章 37 至 39 節。
6. 參路加福音十九章 45 至 48 節；馬太福音二十一章 12 至 17 節及馬可福音十一章 15 至 19 節。
7. 參路加福音二十章 1 至 8 節；馬太福音二十一章 23 至 27 節及馬可福音十一章 27 至 33 節。
8. 參路加福音二十一章 2 節。
9. 參馬太福音二十四章 1 至 3 節；路加福音二十一章 5 至 7 節及馬可福音十三章 1 至 4 節。
10. 參路加福音二十三章 33 至 49 節；馬太福音二十七章 33 至 56 節及馬可福音十五章 22 至 41 節。

11. 參約翰福音十一章1至44節。
12. 雖然法利賽人和他們的跟隨者都相信末日復活的事，馬大在她後來的宣言裏更進一步作出宣告。馬大的認信所採用的字眼，在希臘文裏，與彼得在他廣為人知的認信中的字眼是完全相同的（比較約十一27與太十六16兩段經文）。雖然，在符類福音書裏面並不是沒有字眼相若的經文，但在約翰福音和馬太福音出現相同字眼的情況就不大尋常。在約翰福音裏，講出那番偉大的認信、說明耶穌是誰的人是馬大。
13. 參約翰福音十二章1至8節。
14. 參路加福音二十四章1節。

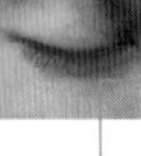

個人思考問題

1. 這一章裏談到很多關於強者與弱者的問題，神似乎經常完全與那些貧窮人、無權勢的人同在。在你個人的經歷裏，有沒有遇到一些這樣的情況？從你的經歷看來，你對這種「角色的逆轉」有何認識？

2. 瑪利亞和馬大經歷到一些似乎在基督徒生命裏都普遍會有的經驗：在某個時刻除了等待就沒有別的，對她們來說看來沒有意義。你是否也曾經有一個時候老是要等候，而且在那段日子裏面，你感到很痛苦呢？瑪利亞和馬大在這次經歷裏，發生了甚麼事？她們的經歷是否令你想起些甚麼？

3. 有些人批評《她們的改變——與跟隨耶穌的婦女相遇》的故事為甚麼要在耶穌復活前就結束了。其實，當我們要憑信心生活、還未清楚復活的憑據之前，在大多數人的一生裏，似乎有大部分時間都活在不愉快和痛苦當中。在你自己的一生中，有沒有活在不愉快和痛苦的時刻？你當時的處境是怎樣的？

小組討論問題

1. 馬利亞之歌（即記載在路加福音第一章的《尊主頌》）概括了耶穌大部分的教訓和他所行的事。在這一章裏，抹大拉的馬利亞和其他婦女根據耶穌所作的事工來思考這首歌的內容。對自古以來的基督徒來說，基督教所傳的福音裏面所包含的那種激進本質並不是常常都那麼顯而易見。你如何理解這個現象？你對這個信息有何想法？

2. 思想一下耶穌叫拉撒路復活以及瑪利亞對這事的反應，包括她對這事的理解，和她後來膏耶穌的事。你對耶穌在十字架上的死有何理解？你又如何理解他的死與這個破碎的世界之間的關係？

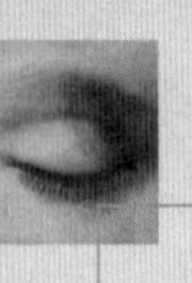

3. 分享你在個人思考問題第2題關於等待的答案。神為甚麼好像容許這類（等待的）事情發生呢？

4. 分享你在個人思考問題第3題的答案，然後彼此代禱。為各人在某些範疇上，儘管在表面看不到出路或解決的方法，仍能憑信心生活。

跋

七日的第一日清早，天還黑的時候，抹大拉的馬利亞來到墳墓那裏，看見石頭從墳墓挪開了。

馬利亞卻站在墳墓外面哭。哭的時候，低頭往墳墓裏看，就見兩個天使，穿著白衣，在安放耶穌身體的地方坐著，一個在頭，一個在腳。天使對他說：「婦人，你為甚麼哭？」他說：「因為有人把我主挪了去，我不知道放在那裏。」說了這話，就轉過身來，看見耶穌站在那裏，卻不知道是耶穌。耶穌問他說：「婦人，為甚麼哭？你找誰呢？」馬利亞以為是看園的，就對他說：「先生，若是你把他移了去，請告訴我，你把他放在那裏，我便去取他。」耶穌說：「馬利亞。」馬利亞就轉過來，用希伯來話對他說：「拉波尼！」(拉波尼就是夫子的意思。)[1]

約翰福音二十章1、11至16節

註釋：

1. 參約翰福音二十章1、11至16節。那些婦女早已知道，在星期五到星期日這段期間，去墳墓那裏的危險並沒有減少。給人發現在一個被釘十字架的人的墳墓出現，尤其是一個被羅馬人理解為與政治事件有關的犯人，就一定會非常危險。

 那些婦女打算去膏耶穌的身體，這是表示她們相信耶穌已經死了。但是，她們公然不顧危險、去到墳墓那裏。結果，她們是第一羣見到她們復活的夫子兼摯友。

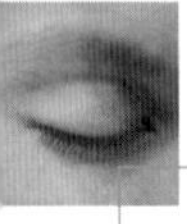